KÜSTENWACHE

RACAL-DECCA
BG 11

ZDF

Küstenwache

EFB

Die Deutsche Bibliothek - CIP - Einheitsaufnahme

Küstenwache : (das offizielle Buch zur ZDF-Fernseh-**Serie**) / (Thomas Seefelder. Ill. Michael Köhler). - Erlensee : EFB, 1999
(ZDF-Buchedition)
ISBN-3-88776-111-1

Das offizielle Buch zur ZDF-Fernsehserie
nach Drehbüchern von
Wolfgang Büld
Jens Jendrich
Thomas Nippold
und Harald Vock
Anhang von Wolfgang Dreyer

Photos: Michael Köhler

Text: Literatur-Agentur Axel Poldner
(für die Logos: ZDF Enterprises/Agentur Axel Poldner 1998
Das Buch wurde auf der Grundlage der ZDF-Serie „Küstenwache“ verfaßt.
Mit freundlicher Genehmigung vom ZDF.
Printed in Belgium
ISBN 3-88776-111-1

Inhalt

Küstenwache

Bauchtyphus an Bord des Frachters Cadiz: Ein Matrose ist schon lebensgefährlich erkrankt. Doch das Schiff hält weiter unvermindert Kurs auf St. Petersburg, reagiert nicht mehr auf Funksprüche - ein Fall für die Küstenwache!
Ihr Revier ist die Ostsee. Kapitän Holger Ehlers und seine Crew auf dem Patrouillenboot Albatros sind immer zur Stelle, wenn es brenzlig und gefährlich wird. Jeder Einsatz ist eine neue Herausforderung für die Besatzung der Küstenwache, ob sie es nun mit der Rettung von in Seenot geratenen Booten zu tun hat oder mit dem Mord an einem blinden Passagier aus Afrika.
Ehlers und seine Leute wissen, daß sie oft die einzigen sind, die brutale Verbrechen auf See verhindern oder aufklären können. Das schweißt die Mannschaft zusammen. Auf See ist die Crew der Albatros ein Top-Team, auf das immer Verlaß ist: Bootsfrau Anke Diekmann, Funker und Herzensbrecher Rolf Hohmann, Koch und Sanitäter Kalle Schneidewind, der die Kollegen des öfteren mit seinem phantasielosen Essen malträtiert, der gemütliche Maschinist Wolfgang Unterbauer und die neue, attraktive Wachoffizierin Britta Larsen, die gleich bei ihrem ersten Einsatz eine Meuterei auf einem Frachtschiff niederschlagen muß...

Spannung, Action pur.
Aber auch die Liebe schlägt manchmal hohe Wellen. Denn selbst die Frauen und Männer der Küstenwache haben einmal dienstfrei...

Meuterei auf der Cadiz

Die Finger des Mannes gleiten hastig über den Körper der jungen Frau. Sie spürt nichts davon. Ines hat ihre Augen geschlossen und denkt an Pjotr, ihren Geliebten, irgendwo in Danzig.
Die meisten ihrer Kunden kennt sie nicht, nur wenige kommen wieder. Sehr zum Ärger von Nowotny, der sich ein besseres Geschäft mit Ines erhofft hat. Nein, so stark wie Anna ist sie nicht. Einfach weglaufen und riskieren, daß Nowotny und seine Leute sie schnappen und umlegen – dazu ist sie, Ines, nicht gemacht. Wozu ist sie gemacht? Sicher auch nicht dazu, mit schmierigen Freiern in Bordellen herumzuliegen. Hat nicht auch sie Anrecht auf ein bißchen Glück?
„Ich hol dich hier raus", waren Annas letzte Worte, bevor sie die Tür hinter sich schloß, mitten in der Nacht, und auf Zehenspitzen die Treppe hinunterschlich.
Nowotny ist für zwei Tage nach Polen gereist – die Chance abzuhauen. Vermutlich will er sich nach neuen Mädchen umsehen. Monatelang haben sie hier in Kiel die Hafenbar ausgebaut, er und seine Geschäftsfreunde, und nun soll es in großem Stil weitergehen: mehr Musik, mehr Mädchen, mehr Show, viel mehr Geld.
Daß Ines nicht wagte, mitzugehen, konnte Anna nicht begreifen. „Was muß noch alles passieren, bevor du dich traust?" hat sie ihrer Freundin verzweifelt zugerufen. Aber Ines hat nur den Kopf geschüttelt,Tränen in den Augen.
Mit dem Boot wollte sie sich aus dem Staub machen. Hatte sich eins ausgeguckt, das einem der Freier gehört. Sie wußte, daß er auf Geschäftsreise war. Segeln kann Anna – ihr Großvater hat es ihr beigebracht. Das war lange, bevor es mit ihr bergab ging.
Der Kunde zahlt und geht. Er ist unzufrieden; die Stunde mit Ines hat ihm nicht gefallen.
Ines geht ins Bad und dreht den Wasserhahn unter der Dusche auf. Draußen kommt Wind auf. Ines denkt an Anna. Wie weit sie wohl gekommen sein mag in der kleinen Jolle? Anna hat versprochen, sie hier rauszuholen, aber Ines glaubt nicht daran. Wer weiß, ob Anna überhaupt ihre eigene Haut retten kann.

„Anna!“ Ein entsetzliches Brüllen läßt Ines zusammenzucken. Nowotny! Schon zurück? Sie hört, wie der große, kräftige Mann die Treppen in den ersten Stock hinaufsteigt. Er öffnet verschiedene Zimmertüren und ruft immer wieder drohend: „Anna?“ – „Anna!!“
Als ahne er, daß sie verschwunden ist. Anna, sein bestes Pferd im Stall. So jedenfalls brüstete er sich vor den Gästen unten in der Bar, wenn er sie zu Höchstpreisen stundenweise an irgendwelche Mieslinge verschacherte.
„Ines!“ Jetzt steht Nowotny vor ihrer Tür. Mit seinen Fäusten hämmert er gegen das Holz, daß das Haus erzittert. „Mach sofort auf!“
Das Haus ist von einfacher Bauart. Eine Kleinigkeit für Nowotny, die Tür einzutreten. Das Sperrholz splittert.
Ines kauert in einer Zimmerecke auf dem Boden.
Nowotny stürmt auf sie zu und tritt sie mit seinen schweren Stiefeln. „Wo ist Anna? Du weißt es!“ Ines schüttelt den Kopf. Sie hat Todesangst. Sie weiß, daß mit Nowotny nicht zu spaßen ist, der Kerl hat schon mehrere Morde auf dem Gewissen.
Auf einem Stuhl liegen Ines' Kleider. Blitzschnell zieht sie ihren Slip und ihre lange Hose heran und versucht, sich anzuziehen.
„Sag mir, wo sie ist, oder ich dreh dich durch den Wolf!“ brüllt Nowotny haßerfüllt. Er packt ihren Arm und dreht ihn, bis Ines vor Schmerz laut aufschreit.
„Nowotny!“ brüllt einer seiner Leute vom Flur her. „Wir fahren zum Yachthafen. Bottrows Jolle ist weg.“
Der Mann läßt Ines' Arm los und versetzt der Frau einen Tritt in den Rücken, daß sie aufstöhnt.
„Mit der Jolle entkommt die mir nicht!“ ruft er drohend, während er eilig das Zimmer verläßt. „Dich hole ich mir später!“ brüllt er, als er die Treppen hinunterspringt. Kurz darauf hört Ines, wie draußen ein Wagen gestartet wird und mit quietschenden Reifen davonfährt.
Wenn ich es jetzt nicht schaffe, bin ich bald tot, sagt sie sich und versucht, sich aufzurichten. Ihre Glieder schmerzen höllisch. Langsam kleidet sie sich an und schleicht aus dem Zimmer. Als sie das Haus verläßt, blendet sie das Licht der Mittagssonne.
Nur wenige Leute sind um die Zeit in dieser Gegend unterwegs. Zwei Kinder starren Ines entsetzt an, als sie an ihnen vorbeihumpelt. Kein Wunder: Noch immer rinnt Ines Blut aus der Nase.
Der Weg zum nächsten Polizeirevier führt am Hafen entlang. Das, was Ines sich nie vorstellen konnte, ist eingetreten: Sie, die illegal ins Land geschleust wurde, sucht Hilfe bei der deutschen Polizei. Aber jetzt muß sie handeln: Anna ist in Gefahr, und sie selbst kann nicht mehr.

Kaum hat sich die große, schwere Tür des Polizeireviers hinter ihr geschlossen, versagen die Beine ihr den Dienst. Eine junge Polizistin stürzt auf sie zu, und Ines sinkt in ihre Arme. Bevor sie in eine tiefe Ohnmacht fällt, haucht sie noch: „Meine Freundin. Mit dem Boot nach Danzig. Nowotny wird sie umbringen. Helfen Sie ihr, schnell!“

Ein Knall. Ein dumpfer Knall, dessen Echo in der Ferne verschwimmt. Das gibt es immer wieder auf See, denkt Kapitän Holger Ehlers. Geräusche, die weder zu orten noch zu identifizieren sind.
Das Wetter ist diesig. Der Horizont nur zu erahnen. Die See unruhig.
Oder hat da jemand geschossen?
Kapitän Ehlers steht auf der Brücke der *Albatros*. Das Küstenwachschiff hält Kurs Richtung Nordost. Es ist Eile geboten. Höchste Eile. Ehlers hält sein Fernglas vor die Augen. Noch ist sie mit bloßem Auge nicht zu erkennen, die *Cadiz*, aber die *Albatros* hat den Frachter bald eingeholt. Nur noch wenige Seemeilen.

Es geht um Leben und Tod.
Ein Besatzungsmitglied der *Cadiz* ist an Typhus erkrankt. Bauchtyphus. Eine Krankheit, die tödlich ist, wenn sie nicht sofort behandelt wird. Nur: Weder der Kranke selbst noch die Mannschaft an Bord der *Cadiz* wissen davon. Der Hafenarzt im dänischen Arhus hat eine Grippe diagnostiziert.
„Schlamperei", flucht Ehlers leise vor sich hin, während er den Horizont nach dem Schiff absucht. Wenn man sich auf Ärzte nicht mehr verlassen kann, wo soll das hinführen. Im Labor, so hat man ihm erzählt, seien die Blutproben zu spät untersucht worden. Die *Cadiz* habe sich schon wieder auf hoher See befunden. Nicht auszudenken, wohin solche Nachlässigkeiten führen können. Der Mann muß so schnell wie möglich in ein Krankenhaus gebracht werden – samt der Mannschaft, denn Typhus ist ansteckend.
Kapitän Ehlers ist der ruhende Pol der Mannschaft. Ein Fels in der Brandung. Obwohl er noch gar nicht so lange beim „BGS See" Dienst tut, vertrauen dem Fünfundfünfzigjährigen alle an Bord der Albatros. Und er hat Vertrauen zu seiner Mannschaft. Das Kommando ist klar: Britta Larsen, die neue Wachoffizierin, wird gemeinsam mit Kalle Schneidewind, Koch und Sanitäter, der *Cadiz* einen Besuch abstatten und ihren Kapitän über die Lage informieren. Es wird für Britta Larsen der erste Einsatz als Wachoffizierin sein. Sie ist die einzige in der Mannschaft, deren Fähigkeiten Ehlers noch nicht einschätzen kann. Sie ist ihm empfohlen worden – gleich wird sie Gelegenheit bekommen, zu beweisen, ob die Empfehlung Hand und Fuß hat.
Da ist sie ja, die *Cadiz*.

Ehlers nimmt das Fernglas zur Hand und schaut zu dem alten Frachter hinüber. Wieder einer von diesen Seelenverkäufern, von denen viel zu viele unter irgendwelchen Billigflaggen über die Meere kreuzen. Die *Cadiz* hält Kurs auf St. Petersburg. Aber bis dahin wird es der schwerkranke Matrose nicht schaffen. Er wird an Typhus sterben, noch bevor der Frachter in St. Petersburg ankern wird, soviel ist sicher.
Ehlers hat ein mulmiges Gefühl. Mit der *Cadiz* stimmt etwas nicht. Man hat das Schiff von der Einsatzzentrale in Rostock aus angefunkt, um die Besatzung über die Laborergebnisse des Arztes zu informieren, aber es kam keine Antwort. Auch die Albatros, die sich dem Schiff an die Fersen geheftet hat, bekommt keine Reaktion auf ihre Funkrufe. Warum fällt den Leuten nicht auf, daß der Kranke an Bord keine Grippe hat? Seltsam ist das schon, zumal Kapitän Ehlers den Kapitän des Frachters von früher her kennt. Schon richtig, daß Siegfried Lorenz hinter jeder Prämie her war, die es zu holen gab. Aber daß er dabei das Wohl seiner Mannschaft aus den Augen verlieren würde – das gab es nie.
Jetzt ist die *Albatros* nur wenige Meter von dem rostigen Frachter entfernt. Drüben regt sich nichts. Ehlers nimmt das Megaphon und tritt ins Freie. Er kündigt an, daß zwei seiner Leute an Bord kommen.
Keine Antwort.
Auch Britta Larsen ist es mulmig zumute. Sie weiß, daß sie diejenige sein wird, die gleich auf dieses Totenschiff hinüberklettern muß und den Kapitän dazu zu bringen hat, seinen Kurs zu ändern.
„Frau Larsen", tönt da schon Kapitän Ehlers' Befehl, „Sie gehen rüber. Schneidewind, Sie begleiten Frau Larsen." Und leise raunt er der neuen Wachoffizierin noch zu: „Machen Sie sich keine Sorgen. Ich kenne Kapitän Lorenz schon lange. Er ist ein Brummbär, aber in Ordnung. Wir sind ein und derselbe Jahrgang, wissen Sie. Unverwüstlich."
Die strohblonde Britta ist eine Kämpfernatur. Sie weiß, daß sie sich ihren Platz in der Mannschaft erst erobern muß. Jetzt hat sie ihre Chance. Daß ihr die Beine zittern, als sie gemeinsam mit Schneidewind auf die *Cadiz* übersetzt, läßt sie sich nicht anmerken.

Nowotny holt aus dem Motorboot heraus, was herauszuholen ist. Dröhnend peitscht es sich den Weg frei durch die Ostseewellen. Der Wind hat weiter aufgefrischt und scheint sich ihm entgegenzustellen. Kochend vor Wut hat Nowotny eben in die Luft geschossen. Kann das verdammte Ding nicht schneller fahren? Aber dann hat er seine Pistole wohl oder übel wieder einstecken müssen, denn leerballern darf er das Magazin auf keinen Fall. Nun gut, sagt er sich, erschießen wird er es nicht, dieses polnische

Weibsstück, denn er braucht es noch. Aber einschüchtern wird er Anna, das ist mal klar. Sie wird nie wieder wagen, sein Hotel zu verlassen, das schwört er sich. Viel zu viel Kies hat er hinlegen müssen für sie, als daß er es sich leisten kann, sie einfach gehen zu lassen.
Ein Fernglas hat er nicht dabei, und, zu dumm, im Boot scheint keines herumzuliegen. Nowotny sucht mit bloßem Auge den Horizont ab in nordöstlicher Richtung. Wo das Miststück bloß geblieben ist! Ein Blick auf den Tank sagt ihm, daß er noch eine Weile fahren kann. Eine halbe Stunde etwa. Dann wird er abdrehen und zurückkehren müssen. Er wird sie kriegen, davon ist Nowotny überzeugt, und er wird ihr beibringen, daß noch nie eines seiner Mädchen gewagt hat, ihn im Stich zu lassen, und daß es das auch kein zweites Mal geben wird.

Mit klopfendem Herzen steht Britta Larsen an Bord der *Cadiz*. Vor ihr hat sich ein junger, hochaufgeschossener Mann aufgebaut, dessen tiefliegende Augen sie mißtrauisch fixieren.
„Kapitän Lorenz?“ fragt Britta und streckt ihm die Hand entgegen. Sie hat ihn sich älter vorgestellt, ein wenig seriöser vielleicht, schließlich hat Ehlers gerade eben noch behauptet, er und Lorenz seien ein und derselbe Jahrgang.

Der Kapitän begrüßt sie kühl, und auch Schneidewind bekommt kein freundliches Wort zu hören.
„Sie haben einen Mann mit Bauchtyphus an Bord“, sagt Britta. „Laufen Sie sofort den nächsten Hafen an!“
„Sie irren sich“, antwortet der Kapitän und verzieht keine Miene. „Mein Matrose hat eine Grippe. Das heißt, er hatte ‘ne Grippe. Er ist schon längst wieder auf den Beinen, wenn Sie’s genau wissen wollen.“ Der Kapitän dreht sich zur Seite und gibt seinem Bootsmann ein Handzeichen. „Halbach, holen Sie Ordoñez.“
Britta und Schneidewind wechseln bedeutungsvolle Blicke. Sie spüren beide, daß etwas faul ist hier auf der *Cadiz*. Beweisen können sie es aber nicht. Noch nicht.
Kurz darauf präsentiert der Bootsmann einen braunhäutigen Filipino. Er sieht aus wie das blühende Leben.
„Die Diagnose von Bauchtyphus war eindeutig“, erklärt Kalle dem Kapitän. „Glauben Sie etwa, man läßt Sie damit in St. Petersburg ankern?“
Der Kapitän zupft an seiner Jacke, die ihm ein wenig zu groß zu sein scheint. Er legt seinen Kopf schief und kneift die Augen zusammen, so daß sie noch tiefer in ihren Höhlen liegen.
„Mein Mann ist gesund. Es besteht kein Grund, die Fahrt zu verzögern“, sagt er knapp. „Wenn wir nicht rechtzeitig in St. Petersburg löschen, verlieren wir unsere Prämie, das wissen Sie genau. Und Sie wissen auch,“ fügt er hinzu, indem er mit dem Zeigefinger vor Brittas Gesicht herumfuchtelt, „daß wir Strafe zahlen müssen, wenn wir uns verspäten. Warum sollen wir das riskieren?“
Britta Larsen ist eine Frau, die sich auf ihre Intuition verläßt. Jetzt hat sie ein Druckgefühl in der Magengegend.
„Wir laufen Rostock an“, bestimmt sie und blickt Kapitän Lorenz fest in die Augen. Dann beordert sie Schneidewind zurück auf die *Albatros*, aber wohl ist ihr dabei nicht zumute. Dennoch – es ist ihr Job, die *Cadiz* nach Rostock zu bringen, und Schneidewind wird auf der Albatros wieder gebraucht.
Kurz darauf steht Britta allein mit Lorenz und dem Steuermann auf der Brücke der *Cadiz*. Im Blick des Kapitäns ist etwas Lauerndes. Britta spürt, wie er sie taxiert; sie befiehlt sich selbst, gut durchzuatmen. Der Kapitän scheint fieberhaft nach einem Ausweg zu suchen. Die Frage ist nur, wie weit er dafür gehen wird.
„Vierzehn für Vierzehneins, bitte kommen“, tönt es da aus Brittas Funkgerät. „Alles in Ordnung bei Ihnen?“ Kapitän Ehlers’ Stimme hört sich für Britta an, als komme sie aus einer anderen Welt.
„Hab alles voll im Griff“.

„Wir müssen abdrehen", teilt Ehlers ihr mit. „Die Zentrale hat eben herübergefunkt. Irgend so ein Verrückter verfolgt mit seinem Motorboot ein Mädchen in einer Jolle. Soll ein Zuhälter aus Kiel sein." Brittas Herz beginnt zu hämmern. Angst? Sie hielt sich bisher für unerschrocken. Aber das hier scheint eine Herausforderung der besonderen Art für sie zu werden. Es beruhigt sie jedoch ein wenig, daß Ehlers sich mit den Worten verabschiedet: „Die beiden müssen hier ganz in der Nähe sein. Wir sind also nicht weit weg, falls Sie uns brauchen."
Kapitän Lorenz kommt näher. Britta kann seinen Schweiß riechen. Sie weicht etwas zurück; ihre Nerven sind bis aufs äußerste gespannt. Lorenz schaut der *Albatros* nach. Zum ersten Mal lächelt er; seine Augen verheißen nichts Gutes. Er weiß: Das ist seine Chance.
Blitzartig verschwindet der Kapitän von der Brücke, um gleich darauf mit zwei Männern zurückzukommen. Britta begreift sofort. Aber da haben die kräftigen Seeleute sie schon gepackt und ihr das Funkgerät und ihre Waffe entrissen.
„Das ist Widerstand gegen die Staatsgewalt!" brüllt sie empört.
„Schafft sie zu den anderen", befielt der Kapitän.

„Vierzehn für Vierzehneins!" Ob Britta Larsen alles unter Kontrolle hat? fragt sich Kapitän Ehlers. Die *Albatros* hat noch keine Spur von der Jolle mit der jungen Frau. Es wird wohl noch etwas dauern, bis sie wieder Kurs auf die *Cadiz* nehmen können.
„Hier *Cadiz*", meldet sich eine Stimme. Das ist nicht Britta, stellt Ehlers fest, es sei denn, sie hat in Windeseile einen Stimmbruch hinter sich gebracht.
„Wo ist Frau Larsen?" fragt Ehlers ins Funkgerät.
„Eben mal was essen gegangen", ist die Antwort von der *Cadiz*.
Ehlers zieht die Stirn in Falten. Das darf ja wohl nicht wahr sein. Wieso läßt sie ihr Funkgerät einfach liegen? Ist das ihre Art von Dienstauffassung? Das fängt ja gut an mit der neuen Wachoffizierin!
Die anderen auf der Brücke haben das Gespräch mitangehört. Rolf Hohmann, Funker und Waffenwart in einer Person, grinst. „Vielleicht will sie mal was Anständiges essen."
„Was willst du damit sagen?" fährt Kalle Schneidewind auf. In diesem Punkt versteht er keinen Spaß – auf seine Hausmacher-Eintöpfe läßt er nichts kommen. „Ich denke eher, sie flirtet mit dem Kapitän", fügt er nach kurzer Überlegung hinzu. „Er könnte ja auch glatt ihr Typ sein, so hochgewachsen und jungdynamisch, wie er da auf der Brücke stand ..."
„Jungdynamisch? Hochgewachsen?" Ehlers horcht auf.
„Tja", betont Schneidewind mit einem Grinsen, „für eine Frau wie die Larsen gehört unsereins doch schon zum alten Eisen."

„Altes ... was?“ Ehlers schwant nichts Gutes.
„Ich will ja keinem zu nahetreten“, stottert Schneidewind, dem es unangenehm ist, Ehlers vorschnell als altes Eisen abgestempelt zu haben, „aber ...“
„Ruhig mal“, unterbricht der Kapitän ihn barsch. Fieberhaft versucht er, sich an Kapitän Lorenz zu erinnern. Hochgewachsen? Lorenz ist klein und ein wenig rundlich. Und fünfundfünfzig, wie er.
„Wir müssen so bald wie möglich zurück zur *Cadiz*“, murmelt Ehlers. „Da scheint einiges aus dem Lot zu sein.“
„Die Jolle!“ reißt ihn Hohmann aus seinen Gedanken. „Und das Motorboot! Es rast direkt auf die Jolle zu!“

Anna weiß nicht mehr, wann sie das letzte Mal gebetet hat. Aber verlernt hat sie es nicht. Noch hat sie die Jolle im Griff, aber die unruhige See scheint es sich in den Kopf gesetzt zu haben, sie mit aller Macht aus dem kleinen Boot zu schleudern. Nowotny hat sie mit seinem Motorboot fast eingeholt, nie, nie hätte sie das für möglich gehalten. Ihre Kleider sind klatschnaß, die Gischt

spritzt weit über den Bootsrand ins Innere der Jolle. Was wird er mit ihr machen? Will er sie umbringen, der Zuhälter? Sie wird mit ihm kämpfen, ihn beißen und kratzen, ihn verletzen ...
Jetzt ist das Boot herangekommen. Die See läßt Jolle und Boot wie Nußschalen auf den Wellen tanzen. Aber Nowotny ist ein Verrückter. Mit einem Satz springt er in die Jolle, stürzt auf Anna zu. Er brüllt ihr Dinge ins Gesicht, die sie nicht versteht: Segel und Wind, Gischt und Meer übertönen lärmend jedes Wort. Er schüttelt sie, ist außer sich vor Wut. Sie rutscht aus auf den glitschigen Bootsplanken, fällt, er stürzt mit ihr. Jetzt ist die Jolle führerlos und schlingert. Nowotny ist blitzschnell wieder auf den Beinen, ergreift das Steuer, angelt nach der Leine. Anna nähert sich ihm, versucht ihn wegzustoßen. Nowotny packt die junge Frau und schüttelt sie fast bis zur Bewußtlosigkeit.
Plötzlich ist die *Albatros* herangekommen.
„Lassen Sie sofort die Frau los!" befiehlt Kapitän Ehlers durchs Megaphon.

Britta Larsen blickt sich um: Sie ist in einem engen Raum unter Deck eingesperrt. Aber sie ist nicht alleine. Um sie herum sitzen noch andere Leute, unter ihnen ein sympathischer älterer Mann mit Bart, die Bilderbuchausgabe eines „richtigen" Kapitäns ...
„Mein Name ist Lorenz", sagt er zu ihr mit einem gequälten Lächeln. „Ich bin Kapitän an Bord, nur leider außer Gefecht gesetzt. Mein Erster Offizier, Harmsen, gibt sich als Kapitän der *Cadiz* aus."
„Meuterei ..." kommt es Britta über die Lippen. Der echte Lorenz senkt den Kopf.
„Das ist das erste Mal in meinem Leben, daß eine Mannschaft gegen mich etwas anzettelt", sagt er. „Das muß man erst mal verkraften."
„Harmsen will rechtzeitig in St. Petersburg sein, damit wir die Prämie nicht verlieren", fügt der Zweite Offizier hinzu.
„Und was ist mit dem kranken Matrosen?" fragt Britta und reibt sich die Arme. Die Männer haben sehr fest zugepackt, das wird sicher blaue Flecken geben.
„Glauben Sie nur nicht, daß die Russen das Schiff mit einem Typhusfall an Bord in den Hafen lassen!"
Lorenz zuckt mit den Achseln. Der Kapitän wirkt erschöpft und ratlos. Britta dagegen ist voller Energie. Als habe der erste Schreck in ihr ungeahnte Kräfte mobilisiert. Konzentriert sucht sie den Raum Stück für Stück mit den Augen ab. Dabei fällt ihr Blick auf eine mit einem Gitter verschlossene Röhre. Würde sie da durchpassen?
„Wohin führt der Schacht?" fragt sie den Kapitän.
„Das ist ein stillgelegter Versorgungsschacht, der nach draußen geht."

Und schon hat sich Britta in die Röhre gezwängt, nachdem sie gemeinsam das Gitter herabgerissen haben. Sie tastet sich langsam vorwärts. Das andere Ende des Schachtes ist ebenfalls mit einem Gitter verschlossen. Britta tritt kräftig dagegen – scheppernd fällt es zu Boden. Sie springt heraus – niemand da. Aber sie hört Schritte. Schnell sieht sie sich nach einer Waffe um. Unter dem Tisch entdeckt sie ein Eisenrohr. Damit versteckt sie sich hinter der Tür.
Es ist der Funker. „Verdammt“, stößt er aus, als er das heruntergefallene Gitter sieht. Er will Verstärkung holen, aber er kommt nicht weit. Britta haut ihm das Eisenrohr auf den Kopf. Der Funker sackt zusammen. Britta kramt Handschellen aus ihrer Hosentasche hervor und macht den Bewußtlosen an einem Leitungsrohr fest. Seine Waffe nimmt sie an sich.
Jetzt kann sie Kapitän Lorenz und seine Leute befreien. Es gilt nun, die Kontrolle über das Schiff wiederzugewinnen.
Anerkennend nickt Kapitän Lorenz der jungen Frau zu, als sie ihn und die anderen mit Waffen versorgt, die sie unter Deck gefunden hat. Jede Deckung nutzend, machen sie sich auf den Weg zur Brücke. Wenn Harmsen außer Gefecht gesetzt ist, so wissen sie, bricht die Meuterei in sich zusammen.
„Wir stürmen gleichzeitig hinein“, schlägt Britta vor, „damit wir ihn überrumpeln können.“
Harmsen alias Kapitän Lorenz steht schweigend auf der Brücke, als die Tür aufgerissen wird. Ehe er begriffen hat, was vor sich geht, hat der Zweite Offizier ihn schon gepackt und gegen die Wand gedrückt. Britta Larsen steht vor ihm und hält ihm eine Pistolenmündung unter die Nase. Harmsen schlägt die Augen nieder.
Kapitän Lorenz reißt Harmsen die Kapitänsmütze vom Kopf und die Jacke mit den Abzeichen vom Leib.
„Das war ein kurzes Gastspiel als Kapitän“, sagt er zu seinem treulosen Ersten Offizier. „Der nächste Akt wird länger. Vor Gericht.“
Britta meldet sich über Funk bei der *Albatros*. „Wo haben Sie denn gesteckt?“ fragt Ehlers erleichtert.
„Sie können alles in meinem Bericht lesen“, erwidert Britta. Sie empfindet nicht die Spur von Müdigkeit; sie könnte heute noch Bäume ausreißen.

Die *Albatros* durchpflügt die See. Anna hat sich in eine Ecke gekauert; ihre Hände halten zitternd eine Schale dampfenden Tees. Man hat sie in frische, trockene Kleider gesteckt, Männerkleider. Eine wollene Decke soll ihren durchgefrorenen Körper wärmen.
Anna denkt an Ines und wie es ihr wohl ergangen sein mag. Hat Ines sie verraten? Wie konnte es sein, daß Nowotny sie so schnell entdeckte?

Wie auch immer – es wird endlich eine Lösung geben. Es wird endlich Schluß sein mit der Art von Leben, das sie sich nicht ausgesucht hat. Wird es sich gelohnt haben, daß man sie herausgefischt hat aus der durchnäßten Jolle, aus den eisernen Umarmungen ihres Zuhälters? Wird es sich gelohnt haben, daß sie überlebt hat?

Das trojanische Pferd

Seit Tobias denken kann, fährt er mit seinem Vater zum Fischen hinaus auf die Ostsee. Und so schien es denn auch ganz folgerichtig, daß er nach Abschluß der Schule einfach beim Vater in die Lehre ging. Ob das gut war – daran hat Tobias in letzter Zeit zu zweifeln begonnen. Es ist, als habe das Leben ihn vergessen. Wenn er frühmorgens am Küchentisch sitzt, Mutter ihm den Kaffee einschenkt und Vater ihm zubrummt, er möge dies oder jenes beachten, dann meint er, in das Leben seiner Kindheit eingesponnen zu sein wie in einen Kokon.

Tobias sitzt an Deck des Fischkutters *Anna* – benannt nach seiner Mutter – und bindet lustlos einen Schekel. Als er noch in die Schule ging, hatte er wenigstens am Vormittag Abwechslung. Da gab es Max, Gerd und den dicken Sven, die immer vornan waren, wenn es galt, die Lehrer zu ärgern. Er, Tobias, wagte das nicht. Aber er liebte es, den anderen dabei zuzusehen. Er war langsamer als sie. Nicht so flink, Reißaus zu nehmen. Nicht so geschickt, sich herauszureden.

Aber jetzt, dieses Mädchen, diese Lena. Vater hatte ihn in die Stadt geschickt, um Werkzeugteile zu besorgen. Es war einer der wenigen Tage, an denen Tobias einmal etwas anderes sah als nur Wasser, Meer, Himmel, das Boot und das Gesicht seines Vaters bei der Arbeit. Tobias hatte sich bei einem doppelten Hamburger vom Einkaufen erholen wollen – heimlich natürlich, denn der Vater mag keine Verzögerungen -, als sie sich ihm an dem kleinen Tischchen des Schnellrestaurants direkt gegenübersetzte. Sie lächelte ihn an wie eine Fee, warf ihr dunkelbraunes, dichtes Haar in den Nacken und biß dann so kräftig in ihren Cheeseburger hinein, daß der Gurkenbelag rechts und links hervorspritzte und ein Stückchen davon ihn an der Wange traf. Wie sie lachten. Tobias verschluckte sich fast. Und es war ganz natürlich, daß sie sich später bei ihm einhakte und fragte: „Gehn wir noch ein bißchen bummeln?“

Das Gesicht des Vaters war feuerrot vor Wut gewesen. Sich verspäten – das gab es bei ihm nicht. Tobias schämte sich. Er verriet nichts von Lena, auch nicht gegenüber seiner Mutter.

Tobias’ Vater, Ben, drosselt den Motor seines Fischkutters. Sie sind da. Hier haben sie gestern die Stellnetze ausgelegt, die sie jetzt einholen werden. Ben

ist unzufrieden mit der Arbeit seines Sohnes. Seit Wochen schon. „Was soll das, Tobias", murrt er. „So sieht doch kein Knoten aus."
Tobias nimmt all seinen Mut zusammen. Jetzt muß es sein. Er sieht Lena vor sich. Ihr weiches Haar, ihre liebevollen Augen, ihren fragenden, vertrauensvollen Blick.
Er wirft das Seil auf den Boden. „Wir müssen reden, Vater", preßt er hervor. „Über Geld."
„Wie bitte?"
Ben ist erstaunt. Er erkennt seinen Sohn nicht wieder. Geld? Hat er nicht alles zu Hause bei seinen Eltern, was er braucht – Kleidung, Essen, ein Dach über dem Kopf?
„Wofür?" fragt Ben.
Tobias bricht der Schweiß aus. Er ist kein Meister der Konversation. Er weiß nur, daß er Geld braucht und daß ihm Geld zusteht – mehr, als sein Vater ihm bisher gezahlt hat.
„Ich brauch das Geld eben ... basta", sagt Tobias und blickt seinen Vater trotzig an.
Ben hat sich wieder im Griff. Er baut sich vor seinem Sohn auf. „Na, dann

wollen wir mal hoffen, daß wir heute ein paar Tausender ins Netz kriegen", sagt er sarkastisch.
Tobias zögert einen Augenblick.
Dann nimmt er das Seil wieder auf.

An diesem Tag herrscht auf der *Albatros* eine gespannte Atmosphäre. Kapitän Ehlers ist schweigsamer als sonst. Nicht, daß der Kapitän sonst eine Plaudertasche wäre, aber heute scheint ihn etwas zu bedrücken. Kalle Schneidewind bringt dem Chef eine Tasse Kaffee und mustert ihn mit einem Seitenblick. Private Probleme? Wohl kaum. In Ehlers' Liebesleben an Land scheint sich alles zum besten zu entwickeln.
Es könnte etwas mit dem Auftrag zu tun haben, den sie gerade von der Zentrale bekommen haben. Sie sollen den Frachter *Barim* im Auge behalten, der nach Klaipeda in Litauen unterwegs ist.
„Irgendeine besondere Fracht?" hat Anke Diekmann, die Bootsfrau, gefragt.
„Nicht der Rede wert", kam es von Ehlers. Aber sein Ton verriet der Crew, daß das Gegenteil der Fall sein muß. Und Ehlers fühlt, was seine Leute denken. Auf See kennt man einander besser als den Lebenspartner an Land. Die Fracht der *Barim* ist streng geheim. Offiziell wird sie per Flugzeug nach Litauen geflogen – daß man sie umgeladen hat, ist lediglich ein

Täuschungsmanöver. Ein Auftrag vom Ministerium. Ehlers hat noch vor wenigen Minuten gemeinsam mit Britta Larsen den Abgesandten der Litauischen Regierung, Peter Landsbergen, persönlich kennengelernt. Er wirkte angespannt, und trotz der Tatsache, daß er die Küstenpolizei über die Details des kostbaren Transportes informierte, auf eine merkwürdige Art verschlossen.

Kein Wunder. Bei der Fracht handelt es sich um nichts Geringeres als den Staatsschatz von Litauen mit der Krone des ersten litauischen Königs. Der Schatz war einst vor Stalins Truppen nach London in Sicherheit gebracht worden. Nun, nach über fünfzig Jahren, soll das kostbare Gut wieder in seine Heimat zurückkehren.

Im Schutze der *Albatros*.

Auf den ersten Blick sehen sie aus wie Freizeitsportler. Aber die Russen Waschnikow, Snerka und Lussisch an Bord der Motoryacht *Möwe* werfen ihre Angeln nur zum Schein ins grüngraue Wasser der Ostsee. Ihre Mission ist nicht, Fische zum Verzehr aus der Tiefe des Meeres heraufzuholen. Sie sind auf einen größeren Fang aus. Eine junge Frau, Mira, – wie die Männer in Schwarz gekleidet – hantiert gerade an einem High-Tech-Gerät. Sie trägt ein Kopfmikro und öffnet den Laptop.

„Wir sind nahe genug", teilt Mira den Männern mit.
„Gut", meint Waschnikow zufrieden. Eine Schnapsflasche macht die Runde. Auf Wodka ist immer Verlaß. „Nimm Kontakt zu Bolek auf", sagt Waschnikow nach einer Weile.
„Hier CP Zwölf zwölf ... rufe CP Null ..." spricht Mira in ihr Mikro.
Bolek ist Maschinist an Bord der *Barim*. Und wie die drei auf der *Möwe* jemand, der ein ganz besonderes Interesse an der wertvollen Fracht des Schiffes hat. Als Miras Funkspruch Bolek erreicht, ist auf der *Barim* alles klargemacht. Das Ding, auf das die vier sich seit Wochen vorbereitet haben, kann losgehen.

Seit einer halben Stunde ist die *Albatros* auf Sichtkontakt mit der *Barim*. Solange der Frachter sich in deutschen Hoheitsgewässern befindet, wird ihn die Küstenwache schützend begleiten.
Da empfängt Funker Rolf Hohmann einen Notruf. „*MS Möwe* für Küstenwache", ruft eine Frauenstimme mit russischem Akzent. „Bitte helfen Sie! Mein Bruder hat einen Kreislaufkollaps. Er braucht dringend einen Arzt!"
Ausgerechnet jetzt. Ehlers ist nervös. Keine Frage, die *Albatros* wird der *Möwe* zu Hilfe kommen müssen. Zumal das Schiff auf ihrem Kurs liegt.

Marine Power

Dennoch hat Ehlers ein ungutes Gefühl. Die kostbare Fracht an Bord der *Barim* wäre eine Zeitlang unbeobachtet. Nachdem er sich mit Dienststellenleiter Weber besprochen hat, beschließt Ehlers, den Urlaubern auf dem Boot zu helfen.
Schneidewind, der Sanitäter, ist als erster im Boot, gefolgt von Britta Larsen. Ehlers verfolgt die Aktion von der Brücke aus. Ein Mann – Lussisch – liegt ausgestreckt an Deck der *Möwe*; es scheint ihm schlecht zu gehen. Britta hockt sich zu ihm, versucht ihn mit Worten zu beruhigen, während Kalle Schneidewind aus seinem Versorgungskoffer eine Spritze herausholen will. Dann geht alles ganz schnell. Die Russen halten plötzlich Pistolen in den Händen, die sie auf Kalle und Britta richten. Lussisch, der sich eben noch am Boden gekrümmt hat, ist aufgesprungen und hält gemeinsam mit Mira die beiden Crewmitglieder der *Albatros* in Schach.
Waschnikow und Snerka springen auf das Schiff der Küstenwache und bedrohen die übrigen mit ihren Waffen. Die *Albatros* ist in der Gewalt russischer Terroristen.
Kapitän Ehlers ist wütend. Hätte er sich doch nur auf sein Gespür verlassen! „Sagen Sie mir, was Sie wollen", fordert er Waschnikow heraus und bemüht sich, seine Angst nicht zu zeigen.
„Ich will Ihr Schiff", ist die knappe Antwort. Der Anführer der Terroristen zieht eine Handgranate aus der Tasche. „Wenn Sie Widerstand leisten, fliegen wir alle in die Luft", droht er. „Und jetzt geben Sie an Ihre Zentrale durch, daß der Einsatz erfolgreich abgeschlossen wurde."
Kapitän Ehlers hat keine Wahl, wenn ihm sein Leben und das seiner Besatzungsmitglieder lieb ist. Diese Leute, daran besteht kein Zweifel, sind zu allem fähig. Ehlers und Britta werden zur Brücke gestoßen, die anderen in der Messe eingesperrt. Ehlers befolgt den Befehl Waschnikows – Weber, an Land, bemerkt nicht das Geringste.
Unterdessen hat Mira ihren Laptop eingeschaltet und ein verschlüsseltes Paßwort eingegeben.
Dann werden der Kapitän und Britta unsanft nach unten zur Messe gebracht, zu den anderen. „Zieht eure Pullover aus", verlangt einer der Russen. Stolz baut Ehlers sich vor ihm auf – aber sofort wird ihm ein Gewehrkolben ins Gesicht gestoßen. Ruckartig fällt er hintenüber und knallt auf den Boden. Als Ehlers sich wieder aufgerappelt hat, hält er sich die Wange: Er hat eine Platzwunde, die stark blutet. „Tut, was von euch verlangt wird", sagt er mit schmerzverzerrtem Gesicht.
Die Terroristen sammeln die Pullover mit den Dienstabzeichen ein. Rolf Hohmann wird am Hemdkragen gepackt und mit nach oben gezerrt. Den anderen wird die Tür vor der Nase zugeschlagen. Sie hören, wie sie von

außen verriegelt und etwas – offenbar ein Sprengsatz – an der Tür angebracht wird: Sinnlos für die Mannschaft, fliehen zu wollen.
„Sie geben sich als Küstenwache aus und kapern die *Barim*“, sagt Ehlers zu seinen Leuten, während Kalle die Platzwunde versorgt.
Wolfgang Unterbaur, der Maschinist der *Albatros* nickt. „Dann ist die *Albatros* für die so eine Art trojanisches Pferd“, überlegt er.
„Was ist denn auf der *Barim* für ‘ne Fracht?“ fragt Anke Diekmann nun schon zum zweiten Mal.
„Jetzt kann ich es euch ja sagen“, seufzt Ehlers. „Es ist der Staatsschatz von Litauen.“

Nicht weit entfernt, an Bord des Frachters *Barim*, geht der Plan der russischen Terroristen in seine zweite Stufe: Bolek, der Maschinist – in ständigem Funkkontakt mit Mira an Bord der *Albatros* – installiert einen Sprengsatz an einem der Relais im Maschinenraum. Vorher hat er einen Maschinenschaden initiiert. Der zeigt jetzt Wirkung: Das Schiff kommt mitten auf hoher See zum Stillstand.

Auch die Motoren der *Albatros* werden von Lussisch, der das Steuer übernommen hat, gedrosselt.

Die Crew in der Messe horcht auf. „Die *Barim* muß irgendeinen Schaden haben“, vermutet Britta.
Hoffnung macht sich auf Kapitän Ehlers’ Gesicht breit. „Dann wird die *Barim* uns um Hilfe bitten“, sagt er. „Genau so haben sich die Terroristen das ausgedacht. Aber sie rechnen bestimmt nicht damit, daß unsere Zentrale auch davon erfährt.“
„Stimmt“, ergänzt Britta. „Weber hört den ganzen Funkverkehr mit. Er wird sich bei uns melden.“
„Das ist unsere Chance“, flüstert Unterbauer. Anke Diekmann hat sich ganz dicht neben ihn gekuschelt. Sie kann ihre Angst nicht verhehlen. Aber sie bemüht sich um Fassung. In den wenigen Berufsjahren, die sie an Bord des Küstenwachschiffes verbracht hat, ist es das erste Mal auf See, daß sie sich wirklich in Gefahr befindet.
Im Funkraum steht inzwischen ein nervöser Waschnikow neben Hohmann. „Hier Einsatzzentrale“, kommt es aus dem Funkgerät. „Was ist los bei euch? Warum meldet sich keiner?“
„Wenn der Kapitän sich nicht meldet“, sagt Hohmann leise zu dem Russen, „schöpft unser Einsatzleiter Verdacht.“
Ehlers muß also her. Waschnikow und Lussisch steigen zur Messe hinunter,

Lussisch entfernt den Sprengsatz an der Tür und geht hinein, um Ehlers zu holen. Aber kaum hat er die Messe betreten, da zerschellt auch schon eine Flasche auf seinem Kopf. Lussisch taumelt. Da knallt ein Schuß: Waschnikow steht an der Tür. Kalle Schneidewind stürzt stöhnend zu Boden. Zutiefst erschrocken kommt Anke ihm zu Hilfe. Lussisch scheint der Schlag auf den Kopf wenig ausgemacht zu haben; er ist schon wieder auf den Beinen.
„Mitkommen“, befiehlt Waschnikow dem Kapitän. „Sie müssen mit ihrem Chef sprechen.“

Tobias ist wie gelähmt. Er müßte seinem Vater mit den Netzen helfen, aber ihm ist, als platze ein Knoten in seiner Seele.
„Hilf mir, Junge“, fordert Ben.
„Warum soll ich, wenn du mir nicht hilfst?“ kommt es zurück.
„Jetzt reicht's“, schimpft der Vater. „Tu gefälligst deine Arbeit.“
Tobias ist ganz bleich geworden. „Ich hab genug gearbeitet“, stößt er hervor. „Dieses Schiff gehört zur Hälfte mir.“
„Wozu brauchst du das Geld?“
„Es geht um eine Frau“, sagt Tobias. Jetzt ist es heraus. Jetzt wird er von Lena erzählen müssen.
„Das darf doch nicht wahr sein“, verhöhnt Ben seinen Sohn. „Hast dir 'ne Schickse angelacht. Und jetzt will sie Schmuck. Und schöne Kleider, wie? Dafür hab ich nicht gearbeitet!“
Tobias sieht rot. Unbändige Wut überkommt ihn. „Ich wußte, daß man mit dir nicht reden kann“, brüllt er seinen Vater an. „Ich will meinen Anteil!“
Irgend etwas zum Draufhauen braucht er jetzt. Tobias nimmt eine herumliegende Axt. Blindwütig schlägt er auf die Aufbauten des Kutters ein. Dabei löst sich ein Teil der Funkantenne.
„Bist du verrückt!“ schreit sein Vater und versucht, ihn zu stoppen. Er verliert den Halt. Dabei trifft ihn die Axt versehentlich am Oberarm – Ben stürzt ins Wasser.
Tobias ist starr vor Schreck.
„Wirf den Rettungsring aus!“ ruft sein Vater aus dem Wasser. Wie in Trance folgt Tobias seinem Befehl.

„Keinen Code, keine geheimen Mitteilungen“, warnt Waschnikow Kapitän Ehlers auf der Brücke, als der zwangsweise zum Funkgerät greift.
In diesem Augenblick geht ein Notruf ein. „Küstenwache bitte kommen ... hier Fischkutter *Anna*. Wir liegen 5421, Breite 11 21. Mein Vater ist verletzt. Erbitten Hilfe.“ Tobias' Stimme zittert.
Waschnikow blickt den Kapitän irritiert an.

„Das ist in der Nähe“, sagt Ehlers. „Wenn wir nicht hinfahren, schickt die Einsatzzentrale noch ein Schiff raus.“
Wenn das nicht noch schiefgeht! Waschnikow wird immer nervöser. Nur widerwillig gestattet er Ehlers, Kurs auf den Fischkutter zu nehmen. „Sagen Sie der *Barim*, daß sie sich gedulden soll.“
Ehlers nutzt die Chance. „Dann müssen Sie mir das Kommando wiedergeben und meine Mannschaft freilassen. Die Fischer hier kennen mich.“
Waschnikow kocht innerlich. Aber er weiß, daß ihm in diesem Fall nichts anderes übrig bleibt, als nachzugeben. Er befiehlt Lussisch und Snerka, den Rest der Mannschaft aus der Messe zu holen. Als Lussisch die Tür zur Messe aufstößt, sieht er Schneidewind regungslos in der Ecke liegen. Er fordert die anderen auf, nach oben zu kommen. „Was ist mit ihm?“ fragt er Britta, indem er auf Kalle deutet.
„Nicht mehr ansprechbar“, sagt Britta. „Hat zuviel Blut verloren.“ Ob Lussisch darauf hereinfällt? Tatsächlich. Der Russe zuckt nur mit den Schultern. Kalle bleibt alleine zurück. Die Tür ist offen.

Jetzt hat die *Albatros* den Fischkutter erreicht. Zitternd hockt Tobias an Deck, seinen Vater, in eine Decke gehüllt, im Arm. Der wimmert vor Schmerz. Nervös beobachten die Terroristen von der Brücke aus, wie ein Schlauchboot

mit Britta, Rolf und dem Russen Snerka an Bord zur *Anna* übersetzt.
Kapitän Ehlers sendet Stoßgebete zum Himmel. Jetzt gilt es, kühlen Kopf zu bewahren.
Die beiden Küstenfischer besteigen das Boot, und in schneller Fahrt geht es zur *Albatros* zurück. Aber Britta und Rolf haben sich schon per Blickkontakt einen Plan ausgedacht: Mit überhöhter Geschwindigkeit rasen sie auf die *Albatros* zu. Snerka blickt nervös um sich. Plötzlich kommt das Boot abrupt zum Stehen – und Snerka, darauf nicht vorbereitet, fällt kopfüber ins Wasser. Waschnikow, Lussisch und Mira greifen blitzschnell zu ihren Waffen. Aber Ehlers reagiert schneller, packt Waschnikow, Unterbauer nimmt sich Lussisch vor, und Anke hat Mira fest in den Polizeigriff genommen. Aber was ist das? Nebelschwaden. Als habe sich das Wetter schlagartig verändert. Kann das sein ...? Es ist Kalle Schneidewind! Der scheinbar Schwerverletzte, der alles andere als verblutet ist, hat sich einen Feuerlöscher geschnappt und setzt ihn nun als Waffe ein.
Lussisch und Mira reißen sich los. Die junge Frau stürzt zu ihrem Laptop und tippt panisch darauf herum. Plötzlich ein Schuß aus Lussischs Waffe. Im Nebel kann Unterbauer den Russen festhalten und ihm die Waffe aus der Hand schlagen. Aber ist jemand getroffen worden?

Entsetzen spiegelt sich auf Miras Gesicht, als der Nebel sich verzogen hat: Nicht Ehlers ist getroffen, wie beabsichtigt, sondern Waschnikow.
Aber die Terroristen haben noch ein Trumpf. „Die *Barim* ist vermint", zischt Mira. Sie ist bereit, bis zum Letzten zu kämpfen. „Ich hab den Zeitzünder scharf gemacht. Euch bleiben genau noch sechs Minuten. Aber ihr kennt das Codewort nicht."
Alle sind starr vor Schreck. Aber Britta, die in diesem Augenblick mit Snerka im Schlepptau auf die Brücke zurückgekehrt ist, wird auf einmal ganz ruhig. Extremsituationen bringen sie dazu, über sich hinauszuwachsen. „Das Paßwort hat neun Buchstaben", erinnert sie sich messerscharf. „Ich hab gesehen, wie sie es eingegeben hat. Leider war es verschlüsselt."
Tobias und sein Vater treten nervös von einem Bein aufs andere. Wo sind sie hier nur hineingeraten. Ängstlich kauern sie sich in eine Ecke.
Für Kapitän Ehlers ist die Sache klar. „Das Codewort muß etwas mit dem Schatz zu tun haben!" ruft er und greift sich das Funkgerät, um in der Dienstzentrale nachzufragen. Jetzt kann er endlich die Wahrheit sagen. „Zentrale für *Albatros*. Wir sind von Terroristen gekapert worden, haben das Schiff aber wieder unter Kontrolle. Die *Barim* ist vermint. Wir haben das Codewort nicht, um die Sprengung zu verhindern! Herr Weber, bitte fragen Sie Herrn Landsbergen nach dem Namen der Königskrone."

Atemloses Schweigen am anderen Ende der Leitung.
„Sie hat keinen Namen“, kommt es dann zurück.
Ehlers bricht der Schweiß aus. Es geht um Sekunden. „Und der König? Wie hieß der König?“
„Mindaugas.“
„Noch dreißig Sekunden“, brüllt Rolf verzweifelt.
„Buchstabieren Sie!“
„M-i-n-d-a-u-g-a-s.“
Rolf tippt das Wort ein. Noch zehn Sekunden. Dann erscheinen zwei Worte auf dem Bildschirm: „Access okay“. Kapitän Ehlers schickt ein Dankeschön nach ganz oben. „Bombe entschärft“, meldet er der Dienstzentrale, unendlich erleichtert.

Dienststellenleiter Weber ist wütend auf Landsbergen, den lettischen Abgesandten. Offensichtlich hat der von den Gefahren gewußt, sie aber heruntergespielt. Man hätte noch ganz andere Sicherheitsvorkehrungen treffen können.
Als Kapitän Ehlers in der Zentrale auftaucht, gibt Landsbergen zu, daß er Waschnikow kennt. „Ein ehemaliger Sowjetoberst, der unser Land haßt und es um jeden Preis demütigen will“, so beschreibt er den Mann.
„Der ist jetzt erst mal hinter Gittern“, sagt Ehlers. Aber Landsbergen weiß: „Der Kampf dieser Leute geht weiter. Und damit auch unser Kampf. Wir gewinnen ihn – solange wir Freunde haben.“
Er reicht Kapitän Ehlers die Hand. Ehlers schlägt ein. Und wechselt einen vielsagenden Blick mit seinem Freund, Dienststellenleiter Weber.

Es ist ein sonniger Morgen, als Tobias und Lena die Stufen zum Kreiskrankenhaus hinaufsteigen. Lena trägt ein wunderschönes hellblaues Kleid über ihrem runden Bauch und einen kleinen Strauß Feldblumen in der Hand. Ben mag nur Feldblumen, hat Tobias ihr gesagt. Tobias, ihr zukünftiger Mann und Vater ihres ungeborenen Kindes. Als sie vor dem Bett des Fischers stehen, ist Ben sprachlos.
„Warum hast du das nicht gleich gesagt, mein Junge?“ stammelt er.
Beschämt wischt er sich ein paar Tränen aus den Augen.

Ganoven an Bord

„Du und eine Knarre", flüstert Jörn in Britta Larsens Ohr. „Das paßt doch einfach nicht zusammen."
Britta grinst ein wenig schief und zieht sich die Bettdecke über die Brust bis ans Kinn. Gleich wird der Wecker klingeln. Heute muß sie pünktlich sein, denn Kapitän Ehlers hat sich freigenommen, und Weber wird ihn auf der *Albatros* vertreten. Da wird alles ein bißchen anders laufen als sonst.
„Dieses Engelsgesicht, dieser zarte Körper", sinniert Jörn weiter. Merkt er nicht, daß es mich stört, wenn ein Mann mir meinen Beruf vermiesen will, denkt Britta. Sie ist enttäuscht. Jörn ist so ein netter Kerl. Und nicht schlecht im Bett. Nun ja, für den Anfang.
„Für Frauen ist das doch nichts, jeden Tag auf See. Und wenn's wirklich einmal gefährlich wird ..."
„... dann schieß ich mir den Weg frei!" beendet Britta den Satz und blickt Jörn trotzig in die Augen. Der erwidert ihren Blick, aber er sieht traurig aus. „Ich will nicht, daß die Mutter meiner Kinder auf irgendwelche Kriminellen einballert", sagt er leise.
Britta lacht kurz auf. „Die Mutter deiner Kinder?" Aber schummrig ist ihr plötzlich schon – das wäre also ihr erster Heiratsantrag.
„Hör zu", sagt sie geistesgegenwärtig. „Wir kennen uns jetzt eine Woche. Und da willst du mich schon heiraten?"
Jörn umarmt sie zärtlich. „Ich kenne dich seit zweitausend Jahren", sagt er fest. „Glaub mir, wenn ich dir sage: Du bist die Richtige für mich."
„Und meine Knarre?" fragt Britta keck.
„Die lieferst du vor der Hochzeit bei mir ab."
„Und du glaubst, du kannst damit umgehen, ja?"
„Bestimmt besser als du."
„Weil's Männersache ist, wie?"
„Du sagst es."
Wenn er nur nicht so verdammt gut aussehen würde, denkt Britta. Ich hätte ihm schon längst die Tür gezeigt.
Mit einem Satz springt sie aus dem Bett. Der Wecker klingelt. Sie verpaßt ihm einen Schlag, er verstummt.
Warum müssen gutaussehende Männer immer so schräge Ansichten haben? Niemals würde sie für einen Typen ihren Beruf aufgeben. Das soll ihr mal einer nachmachen, Wachoffizierin bei der Küstenwache, mit allem, was dazugehört. Und sie liebt es, eine Pistole bei sich tragen zu dürfen.

In der Zentrale der Küstenwache überreicht Dienststellenleiter Weber Britta ein Foto . „Diese Monstranz“, sagt er, „ist heute Nacht aus der Kieler Kunsthalle gestohlen worden.“ Britta betrachtet das Bild. Sieht wertvoll aus, das Ganze, aber hinstellen würde sie sich so was zu Hause nicht. Weber scheint Gedanken lesen zu können. „Sie ahnen wohl nicht, was das Ding wert ist, wie?“ Britta schüttelt den Kopf.
„Vier Millionen. Allein die Edelsteine und die Diamanten.“
Britta ist platt. Sie fragt sich, was der Kunsträuber wohl damit vor hat, und wieder scheint Weber zu ahnen, was in Brittas Kopf vorgeht. „Es ist ein Räuberpärchen. Soll sich heute morgen mit der Fähre nach Klaipeda abgesetzt haben, Litauen.“
Bonny und Clyde, denkt Britta.
Weber zieht zwei Bilder aus einem Umschlag hervor. „Das sind sie“, sagt er. „Jedenfalls ihre Phantomzeichnungen.“
„Wenn ich Sie richtig verstehe“, sagt Britta, während sie die Porträts mustert, „hat die Kieler Kripo die Fähre nicht mehr erreicht.“
„Richtig“, bestätigt Weber.

„Und wenn ich Sie weiter richtig verstehe, sollen wir jetzt ran."
„Auch richtig." Weber schmunzelt. „Die Fähre ist seit zwei Stunden unterwegs. Sie wird bald Travemünde anlaufen, offiziell wegen eines Maschinenschadens. Wir können dann dort an Bord gehen."
Es entsteht eine kleine Pause. Britta betrachtet die Zeichnungen und blickt Weber dann lange an. Sie begreift. „Und wenn ich Sie wiederum richtig verstehe, soll meine Wenigkeit die Täter dann auf See dingfest machen."
„Goldrichtig", bestätigt Weber grinsend. Und fügt hinzu: „Nur innerhalb deutscher Hoheitsgewässer, versteht sich. Sie haben also nicht viel Zeit!"
Britta schluckt. Aber eine Herausforderung ist das schon ...

Gegen Mittag geht die *Nils Holgersson* im Hafen von Travemünde vor Anker. Kalle Schneidewind und Anke Diekmann sind die ersten, die Weber an Bord des Fährschiffes schickt. Sie sind als Monteure verkleidet, die den angeblichen Maschinenschaden des Schiffes beheben sollen. Statt dessen zeigen sie der Crew Kopien der Phantomzeichnungen – doch niemand erkennt einen der Passagiere wieder.
Gleichzeitig ist der Kapitän der *Nils Holgersson* unauffällig an Bord der *Albatros* gekommen. Auch er sieht sich die Bilder an, auch er kann nicht weiterhelfen. Dem Kapitän ist die Sache unangenehm, er hofft, daß die Leute der Küstenwache bei ihren Nachforschungen auf dem Schiff diskret vorgehen – schon der Reederei wegen.
Merkwürdig, daß keiner der Crew die Diebe anhand der Zeichnungen erkennt, denkt Britta, als Kalle und Anke Bericht erstatten. Nun ja, Phantombilder sind oft ungenau. Und dennoch – die Dame im Reisebüro hat sie ja erkannt, als sie ihre Tickets für die Fähre gekauft haben. Warum fallen sie an Bord keinem auf? Ob die Schiffsangestellten Angst haben? Oder ist es Gleichgültigkeit? Hat das Diebespärchen vielleicht eine falsche Spur legen wollen?

Die Passagiere der *Nils Holgersson* schauen auf die Uhr. So was Dummes, Maschinenschaden. Dabei machte die Fähre einen so stabilen Eindruck, als sie den Kieler Hafen verließ. Und überhaupt – das Motorengeräusch erscheint ganz normal. Nun ja, man sollte dankbar sein, daß nichts Schlimmeres passiert ist. Man hat ja schon von Bränden auf hoher See gehört oder gar von undichten Klappen, die zum Sinken führten – man braucht sich also nicht beschweren.
„Vielleicht geht's ja auch um was anderes", mutmaßt der bärtige Mittvierziger am Tresen der Schiffsbar. „Vielleicht ist ja die Polizei hinter jemand her. So was gibt's." Er nimmt einen Schluck von seinem Whisky und zieht an einem Zigarillo.

„Wie kommen Sie denn darauf?“ fragt der Barmann, während er ein Glas mit Oliven öffnet. Aber der Mann antwortet nicht. Statt dessen fixiert er den Barkeeper mit seinen mausgrauen Augen. Scheint ihn durchbohren zu wollen mit seinem Blick.
Mit manchen Kunden fühlt man sich einfach unbehaglich, denkt der Barmann. Er füllt die Oliven in ein Schälchen und schiebt sie dem Gast über den Tresen.

Ausgerüstet mit Waffe, Laptop, Fax- und Funkgerät, geht Britta Larsen an Bord, als alleinreisende Touristin getarnt. Ihr Gefühl sagt ihr, daß sich das Diebespärchen auf dem Schiff befindet. Es gilt, genau hinzusehen und mit Unerwartetem zu rechnen.
Das Fährensignal ertönt. Menschen, Gepäckwagen, sogar die Häuser scheinen davonzuschwimmen: Das Schiff verläßt den Hafen. Bald wird es auf der Ostsee in Richtung Klaipeda stampfen.
In einer Kabine auf dem Oberdeck richtet Britta sich für ihre Zeit auf See häuslich ein. Sie plaziert den Laptop auf einem Schreibtischchen unterhalb des Bullauges und zieht die Vorhänge zu. Ein Blick in den Spiegel, und Britta ist bereit, die schöne, gelangweilte Touristin zu spielen. Vielleicht an der Bar?

Auf dem Schiff führen viele Wege zur Bar. Britta schlendert das Oberdeck entlang. Es ist ein wenig bedeckt, aber mild, und die Reisenden spazieren auf dem Schiff herum.
Britta hat sich die Phantomzeichnungen gut eingeprägt: Der Mann trägt einen Vollbart, und die Frau ist blond und langhaarig. Neugierig drückt Britta ihr Gesicht gegen die Scheiben des Salons – vielleicht ein wenig zu auffällig, aber warum sollte eine Touristin nicht neugierig sein dürfen? Als sie sich wieder umdreht, stößt sie mit einem jungen Mann zusammen. Er ist ganz in Schwarz gekleidet.
„Entschuldigung", sagt Britta. „Ich war in Gedanken".
Der Mann, wohlrasiert und mit aufmerksamen, hellen Augen, mustert sie einen Augenblick lang. Nicht sympathisch, ist ihr erster Gedanke. Doch gleich darauf leistet sie innerlich Abbitte: Ein Geistlicher steht vor ihr, der mit der Hand die Form eines Kreuzes andeutet, während er ihr salbungsvoll zuraunt: „Ist ja nichts passiert. Gute Reise ... Und Gott mit Ihnen."

„Wie heißen Sie eigentlich?", fragt der Bärtige den Barkeeper, während er eine Olive mit dem Zahnstocher durchbohrt.
„Rudi."
„Noch einen Scotch, Rudi."
Rudi füllt das Glas nach.
„Eis?"

Der Gast schüttelt den Kopf. Statt dessen sticht er einen zweiten Zahnstocher in die Olive. Rudi kann seinen Blick nicht davon abwenden.
„Gefällt Ihnen meine Art der Buchführung nicht?“ fragt der Mann provozierend.
„Kein Problem“, erwidert der Barkeeper. „Ich kannte nur mal einen, der hat das auch gemacht.“
Die Augen des Bärtigen blitzen. „So? Wie hieß der denn?“
Rudi zögert. Dann greift er sich ein Küchenhandtuch, ein nasses Glas und beginnt, mit dem Tuch auf und in dem Glas herumzureiben.
„Weiß nicht mehr. Hab ich vergessen.“
„Schade.“ Der Bärtige nimmt einen Schluck. Er läßt den Barkeeper nicht aus den Augen. „Hätte mich wirklich interessiert, wie er heißt, Ihr Freund. Was haben Sie eigentlich gemacht, bevor Sie zur christlichen Seefahrt kamen?“
Rudi wird das Gefühl nicht los, sich mitten in einem Verhör zu befinden. „Was haben Sie denn früher gemacht?“ gibt er gereizt zurück.
„Banküberfälle, Betrügereien, Einbrüche. Und Sie? Waren Sie vielleicht im gleichen Gewerbe tätig?“ Der Mann sagt das in einem Tonfall, als sei es das Selbstverständlichste von der Welt.
„Natürlich nicht“, erwidert Rudi.

Ein Schild mit der Aufschrift „Zur Bar“ zeigt Britta den Weg. Sie blickt sich noch einmal um. Der Priester ist in ein Gespräch mit einem jungen Mann vertieft, der eine dicke Hornbrille trägt.
Jetzt reißt die Wolkendecke auf, und wärmende Sonnenstrahlen verführen Britta dazu, es sich einen Moment auf einem Deckstuhl bequem zu machen. Ihr geübter Blick streift die Passagiere in ihrer Nähe – nichts Verdächtiges dabei. Aber Durst und eine innere Unruhe treiben sie schließlich weiter in Richtung Bar. Aus dem Bordrestaurant dringen gedämpfte Musik und der Geruch von Braten und Gemüse. Jemand beschwert sich über sein Steak. Er habe es blutig bestellt. Britta schaut kurz hinein. Es ist der Priester.
Merkwürdig, denkt Britta. Katholiken essen doch freitags kein Fleisch.
„Rudi, ich habe das dumpfe Gefühl, daß ich Sie von irgendwoher kenne“, sagt der Bärtige an der Bar, als Britta an den Tresen tritt und sich einen Martini bestellt. Rudi arbeitet schweigend.
Jetzt kommt der junge Mann mit der Hornbrille an die Bar. Er hält Rudi einen Zettel hin. „Pina Colada“ liest Rudi laut. Während er das Getränk fertig macht, schiebt ihm der junge Mann einen Geldschein hin.
„Der ist ‘n bißchen maulfaul, wie?“ murmelt der Bärtige grinsend.
Der junge Mann entfernt sich mit seinem Drink. Rudi beugt sich über den Tresen und sagt leise: „Der ist stumm, der Arme.“

Stumm? Wo er doch noch vor ein paar Minuten angeregt mit dem Priester geplaudert hat? Während Britta an ihrem Martini nippt, beobachtet sie den jungen Mann mit der Hornbrille, der jetzt an einem Tisch am Fenster Platz nimmt.
„Kennen Sie das auch, Rudi?“ fährt der Bärtige penetrant fort. „Wenn man sich an etwas einfach nicht mehr erinnern kann? Es liegt einem auf der Zunge, aber man kommt nicht drauf. So geht es mir mit Ihnen. Woher kennen wir uns bloß? Verdammt, das kann einem den ganzen Tag versauen.“
„Wir kennen uns nicht!“ behauptet Rudi felsenfest. Er wirkt verärgert.
Das ist kein gewöhnliches Bargeplänkel, denkt Britta. Der Mann verfolgt eine Absicht, das ist klar. Höchste Zeit, über ihn Erkundigungen anzustellen. Und über den Taubstummen allemal, samt diesem Priester, der etwas durch und durch Weltliches zu haben scheint. Britta zahlt.

Über die drei Namen, die Britta vom Kabinensteward erfährt, liegen bei der Polizei keine besonderen Informationen vor. Der Priester soll Pfarrer Cornelius heißen, der junge Mann gebe sich als Markus Wieland, der Bärtige als Dirk Rombach aus.

Wenn sie Fingerabdrücke bekäme ... Brittas untrüglicher Instinkt führt sie zurück an die Bar. Da sitzt er ja, der Herr Priester, direkt an der Theke. Wie bestellt für einen unverfänglichen Gedankenaustausch von Passagier zu Passagier.
Der Mann hat sich auf seine Rolle als Geistlicher gut vorbereitet. Aber seine Antworten wirken wie auswendig gelernt. Er fingert ein wenig nervös an seinem Glas herum. Als er schließlich bezahlt und geht, läßt Britta das Glas in ihrer Jackentasche verschwinden. Schnell rutscht sie vom Barhocker, um es in ihre Kabine zu bringen.
„Halt!“ ruft Rudi. „Sie haben noch nicht bezahlt!“
Oje. Alle Augen sind auf sie gerichtet. Aber Britta wirft den Kopf in den Nacken, lächelt kühl und sagt schlagfertig: „Tut mir leid. Hab ich völlig vergessen.“ Sie wirft einen Schein auf den Tresen. „Stimmt so!“
In ihrer Kabine überträgt sie die Fingerabdrücke vom Glas auf eine Folie, scannt sie in ihren Laptop ein und faxt die Zentrale an. Volltreffer! Pfarrer Cornelius heißt in Wahrheit Gero Kola und hat ein Strafregister, das alles andere als eine frohe Botschaft ist. Seine letzten Beutezüge hat er zusammen mit einer jungen Frau namens Ulrike Plewa unternommen. Begeistert stößt Britta einen – allerdings unterdrückten – Siegesschrei aus. Gero Kola wäre so gut wie gefaßt. Wo mag sich die Frau aufhalten? Und wie ist der Bärtige einzuschätzen? Und, last but not least, wo haben sie die wertvolle Monstranz versteckt?
Es ist kühl geworden. Das Schiff schlingert leicht in unruhiger See. Die Passagiere haben sich in ihre Kabinen verzogen. Verwaist stehen die blau-weiß bezogenen Liegestühle an Deck; die Stoffbahnen flattern im Wind. Nur einer balanciert ein Tablett voller Getränke zwischen Reling und Rettungsbooten hin und her: Rudi, der eine Bestellung in eine Kabine zu bringen hat.
Der Bärtige – Dirk Rombach – tritt hinter einer Kiste für Rettungswesten hervor und stellt sich ihm in den Weg. „Rudi! Mir ist eingefallen, woher ich Sie kenne.“
„Bitte lassen Sie mich durch“, stammelt Rudi, dem der Gesichtsausdruck des Fremden Angst bereitet.
„Du bist es doch, Charly“, höhnt der jetzt und hält den Barkeeper fest.
„Ich heiße Rudi, verdammt noch mal“, versucht dieser sich zu wehren. „Geht das nicht in Ihren versoffenen Schädel?“
„Genug jetzt! Du heißt Charly.“ Rombach schlägt ihm das Tablett aus den Händen. Das Geschirr zerspringt krachend und splitternd am Boden. „Und ich wette, daß du mich auch kennst. Dirk Rombach. Klingelt's bei dir?“
„Was wollen Sie von mir?“ fragt Rudi ängstlich.
„Die zwei Millionen, die du versteckt hast!“
„Was für zwei Millionen?“

Rombachs Stimme überschlägt sich. „Die Beute aus dem Bankraub! Für wie blöd hältst du mich eigentlich? Du hast dem Richter alles erzählt, um früher rauszukommen und dir die Kohle unter den Nagel zu reißen. Aber nicht mit mir!"
Rombach packt Rudi, der sich auf den Boden gekauert hat, und zieht ihn am Kragen hoch. Er hält ihm die eisig kalte Mündung eines Revolvers an die Schläfe. Rudi zittert. „Wir gehen jetzt in deine Kabine", zischt Rombach. „Und wenn du mir da nicht sagst, wo das Geld ist, mach ich dich zu Fischfutter."

Britta ist in ihrem Element. Aufs äußerste konzentriert, hat sie sich in der Nähe der Kabine des falschen Priesters postiert, den Generalschlüssel für alle Schiffskabinen in der Tasche. Sie weiß auch, wo ihre Pistole sitzt, die Handgriffe hat sie viele Male geübt. Jetzt verläßt der Priester sein Zimmer, schließt es ab und verschwindet nach oben. Blitzschnell hat Britta die Tür geöffnet.
Kolas Gepäck ist abgeschlossen. Aber Britta ist bestens vorbereitet. Mit ruhiger Hand, dem richtigen Werkzeug und wenigen geschickten Griffen öffnet sie den Koffer. Kleidung, Schuhe und – wie sollte es anders sein – der

doppelte Boden. Der kleine Knopf ist kaum zu sehen, aber gleich darauf springt der Deckel auf. Britta schüttelt den Kopf: Jede Menge falscher Pässe kommen zum Vorschein, und eine Pistole.
Wie berauscht von ihrem Fund achtet Britta nicht auf Geräusche. Und schon steht er im Zimmer, der falsche Gottesmann.
„Haben Sie gefunden, was Sie gesucht haben?"
Britta fährt herum. Gero Kola grinst. Er ist ganz ruhig, sich seiner Sache sicher. Aber er kennt Britta nicht. Blitzschnell zieht sie ihre Waffe. „Sie sind festgenommen! Hände an die Wand und Beine auseinander!"
Kola grinst, scheinbar ungerührt. „Eine Polizistin!"
„Machen Sie schon!"
Er dreht sich langsam um, doch dann – im Bruchteil einer Sekunde – hat er Britta die Waffe weggeschlagen, die zu Boden fällt und unter die Bettkoje schlittert.
Britta überlegt fieberhaft, als Kola mit eiskaltem Blick auf sie zugeht.

Rombach hat Rudis Hals wie ein Schraubstock umklammert und mit der anderen Hand die Waffe gegen ihn gerichtet. In Rudis Blick spiegelt sich Todesangst.
„Ich ... krieg keine ... Luft mehr“, röchelt der Barkeeper.
„Wo ist das Geld?“
„Na gut“, stammelt Rudi. „Ich sag’s ja schon.“
Wenig später verläßt Rombach die Kajüte. Er hat erfahren, was er wissen wollte. Er streicht sich den Anzug glatt und hält Ausschau nach dem nächsten Treppenaufgang. Da vernimmt er aus einer der Nebenkabinen ein Schreien und kurz darauf ein Poltern. Er tritt näher, horcht an der Tür. Kein Zweifel,

hier ist ein Mensch in Not. Entschlossen reißt er die Kabinentür auf. Was für ein Anblick: Ein Pfarrer, der einer jungen, hübschen, zarten Frau ins Gesicht schlägt. Rombach wirft sich auf den Schwarzgekleideten und stürzt mit ihm in eine Ecke. Britta, zutiefst überrascht und erleichtert, reagiert blitzschnell: Sie zieht ihre Handschellen aus der Hosentasche und macht Gero Kola am Bett fest.

„Vielen Dank für ihre Hilfe“, sagt Britta zu Rombach. Am liebsten würde sie dem Mann um den Hals fallen, wenn es nicht aus zwei Gründen unpassend wäre: Zum einen, sie ist Polizistin und im Dienst, und zum anderen, dieser Mann ist ihr bisher suspekt gewesen ...

Sie kramt in ihrer Jackentasche und zieht ihren Dienstausweis hervor, den sie ihrem Retter unter die Nase hält. „Polizei. Wenn ich Sie bitten darf...“ Dezent schiebt sie den Mann aus dem Zimmer und beginnt, es nach dem übrigen Diebesgut zu durchsuchen.

Es klopft. „Gero?“ flüstert eine Frauenstimme. Britta hält den Atem an. Die Türklinge wird heruntergedrückt, die Tür geht auf. Keine zwei Sekunden später schnappen Brittas Handschellen am Handgelenk des angeblich stummen Markus Wieland zu. „Ein Wunder“, sagt Britta trocken. „Der Mann kann sprechen.“

Sie zieht an der Kurzhaarperücke. „Und eine Frau ist er auch noch.“

Britta weiß das Räuberpärchen beim Kapitän in Sicherheit. Systematisch durchsucht sie die nebeneinanderliegenden Kabinen der beiden. Nichts. Jedenfalls nicht auf den ersten, zweiten und dritten Blick. Die beiden müssen sich etwas haben einfallen lassen, um die Montranz ungestört aus dem Land zu schmuggeln.

Ein wenig ratlos steht Britta in Gero Kolas Kabine. Da klopft es. Rombach, der Bärtige, erscheint in der Tür.

„Was wollen Sie noch?“ fragt Britta.

Rombach hat den Barkeeper am Schlafittchen. Er zieht ihn hinter sich in die Kabine hinein. „Dieser Herr will bei der Polizei eine Aussage machen“, sagt er.

„Und ob!“ ruft Rudi mit gequetschter Stimme. „Er hat mich erpreßt, damit ich ihm verrate, wo die Beute aus einem Banküberfall versteckt ist.“

Britta legt den Kopf schief. Auf dieser Unglücksfähre scheint heute alles zusammenzukommen.

„Aber das Geld gibt es nicht mehr“, fährt Rudi gequält fort. „Er ist ein ehemaliger Knastbruder von mir. Dirk Rombach.“

„Stimmt das?“

Der Bärtige schmunzelt. „Ich heiße nicht Rombach. Aber ich versuche, einem

Rombach ähnlich zu sehen, daher der Bart.“ Er löst den falschen Bart vom Gesicht ab. „Mein Name ist Klinger. Ich bin Privatdetektiv. Ich arbeite für eine Versicherung und will mir die fünfzigtausend Mark für die Wiederbeschaffung des Geldes verdienen.“
Rudi bekommt den Mund nicht mehr zu.
„Hören Sie“, sagt Britta, fast schon ein wenig genervt. „Ich hab jetzt keine Zeit dafür. Es steht Aussage gegen Aussage. Klären Sie das mit der Polizei an Land.“ Sie holt tief Luft, als die beiden verschwunden sind.
Dann blickt sie sich in der Kabine um, stellt sich vor, sie sehe alles zum ersten Mal. Was könnte noch als Versteck dienen? Brittas sprichwörtliche Intuition läßt sie nicht im Stich: Urplötzlich stürzt sie auf die chromfarbene Kleiderstange zu und löst sie mit einem Schraubenzieher aus ihrer Halterung. Tatsächlich: Prachtvolle Diamanten und Rubine kullern auf den Boden und bleiben dort liegen, schimmernd und glitzernd wie ein Schatz aus Tausendundeiner Nacht. Offenbar haben die Diebe die Edelsteine von der Monstranz abgelöst, um sie besser verstecken zu können.
Britta bückt sich, sammelt die Edelsteine auf und hält jeden einzelnen gegen das Licht. Nur mal kurz ansehen, nur mal kurz bewundern, so viel Zeit muß sein. Dann nimmt sie ihr Funkgerät und meldet sich bei der *Albatros*.

Britta hat das rote Kleid angezogen, jenes, von dem ihre Freundin behauptet, es sei so wahnsinnig sexy. Eros Ramazotti tönt aus dem Lautsprecher und verwandelt das biedere norddeutsche Restaurant in eine kleine, neapolitanische Hafenbar. Rodolfo, der Kellner, bringt die Pizza und zündet das Kerzenlicht an. Jörn, der Britta gegenübersitzt, hat einen verkniffenen Gesichtsausdruck. Mit hastigen Bewegungen macht er sich über seine Pizza her und schneidet sie in kleine Stückchen.
„Wahnsinn. Daß sie solche Aufträge von einer Frau erledigen lassen“, kommentiert er Brittas Schilderung ihres heutigen Arbeitstages.
„Wieso? Es ist mein Job.“
„Du hast verdammtes Glück gehabt.“
„Glück?“ Britta läßt ihr Besteck aus der Hand fallen. Irritiert schaut Jörn von seinem Teller hoch. Sie schiebt den Stuhl ein wenig zurück und erhebt sich. Sie greift das Glas, nimmt einen Schluck vom Rotwein und sagt dann fest: „Ich war einfach gut.“
Britta stellt das Glas zurück, wischt sich mit der Serviette über den Mund, schiebt den Stuhl an den Tisch, schnappt sich ihre Handtasche und geht, ohne noch ein weiteres Wort zu verlieren.
Bedeppert blickt Jörn ihr hinterher. Der Appetit ist ihm vergangen.

BUNDESGRENZSCHUTZ

Verrat

Der ist es. Gelb, wie ein Sonnenstrahl. Und schneller als die Polizei erlaubt. Rolf Hohmann schmunzelt. Er ist ja selbst bei der Polizei, aber na und? Einmal im Leben muß man so einen Flitzer besessen haben. Einmal im Leben. Sonst hat man etwas verpaßt und wird es immer bereuen. Immer.
Er legt den Arm um Donnas Hüften. Eigentlich heißt seine Freundin Sabine, aber sie haßt diesen Namen und nennt sich Donna.
Donna löst sich aus seiner Umarmung und geht mit wiegenden Schritten auf den Wagen zu. Sie streicht über den glänzenden Lack. Ihre knallroten Fingernägel geben dem Sonnengelb erst den richtigen Kick, findet Rolf. Diese Frau. Dieses Auto.
Donna öffnet die Wagentür und steigt ein. Der Duft ihres neuen, teuren Parfums verbindet sich mit dem Geruch von frischem Leder. Sie streichelt die Sitze, das Lenkrad. Als sie den Steuerknüppel ertastet, steht Rolfs Entschluß fest.
Lächelnd bittet der Verkäufer Rolf und seine hübsche Freundin in den eleganten Raum neben dem Show-Room.

Kapitän Ehlers hat keinen Hunger. Kopfschüttelnd schiebt er den Teller von sich, so daß Kalle Schneidewind leise errötet.
„W-w-was schmeckt Ihnen denn nicht an meinem Essen, Käpt'n?“ protestiert er, ein wenig schuldbewußt jedoch, und sammelt den abgekühlten Erbseneintopf samt Löffel hastig wieder ein.
„Da ist was faul“, sagt Ehlers und blickt aus dem Fenster.
„Das lasse ich nicht auf mir sitzen!“ ruft Schneidewind und schaut empört in die Runde. „Nimm doch nicht immer alles so persönlich, Kalle“, sagt Britta Larsen beruhigend, „es geht hier um etwas ganz anderes.“
Erleichtert seufzt der Koch auf, stellt aber vorsichtshalber noch eine gekränkte Miene zur Schau. So ganz rein ist sein Gewissen nicht. Bewahre, faul ist sein Essen nie gewesen, aber etwas Mühe, so findet er selbst, könnte er sich manchmal schon geben. Salz und Pfeffer, das sind so ziemlich die einzigen Gewürze, die er an Bord verwendet. Anke hat ihm vor ein paar Tagen Oregano, Curry und Majoran in die Kombüse gestellt. Es hat ein wenig weh getan, zugegeben, aber bei ihrem Charme kann man ihr nicht böse sein. Benutzt hat er die neuen Zutaten noch nicht. Vielleicht morgen. Ja, morgen wird er der Mannschaft etwas ganz Pikantes kochen. Es scheint an der Zeit zu sein.

Kapitän Ehlers schüttelt erneut den Kopf. Kalle stellt ihm einen Kaffee hin, kippt etwas Sahne hinein, und Ehlers rührt gedankenverloren mit einem Löffel darin herum. Der Kaffee schwappt in seiner Tasse hin und her: Die Ostsee ist heute unruhig.

„Das ist das dritte Mal in dieser Woche, daß wir eine heiße Spur verfolgen, die sich dann als völlig harmlos herausstellt. Da stimmt doch was nicht!" meint der Kapitän.

„Vielleicht hält uns jemand zum Narren?" überlegt Anke. „Es gibt ja solche Leute."

„Irgendwas ist faul", wiederholt Ehlers und blickt sorgenvoll in seinen Kaffee, als berge der die Antwort auf seine Fragen.

Da überbringt Kalle, der sich in die Kombüse zurückgezogen hatte, eine Nachricht aus dem Funkraum: Der polnische Frachter Gdansk soll Rauschgift im Wert von mehreren Millionen Mark an Bord haben. Aber man müsse sich beeilen – der Frachter sei nicht weit von der polnischen Seegrenze entfernt.

Diesmal muß es klappen, denkt Ehlers. Das sind doch keine Anfänger in der Zentrale. Würden sie sich unentwegt von Falschmeldern an der Nase herumführen lassen? Aber eins muß Ehlers noch wissen. Er dreht sich zu Kalle Schneidewind um und fragt: „Warum bringt Hohmann mir die Meldung nicht selbst?“
Kalle zuckt mit den Achseln. „Keine Ahnung. Der telefonierte gerade. Und ich hab ihm seinen Kaffee gebracht. Da dachte ich ...“
„Spinnt der?“ mokiert sich Ehlers. „Sein Privatleben soll er zu Hause in Ordnung bringen.“ Er schiebt die leere Kaffeetasse beiseite, erhebt sich vom Tisch und steigt die paar Stufen zur Brücke hinauf.

Binnen kurzer Zeit ist die *Albatros* auf Tuchfühlung mit dem polnischen Frachter. Kapitän Ehlers fordert die Mannschaft der Gdansk über Megaphon auf, anzuhalten und Beamte der Küstenwache an Bord kommen zu lassen. Wolfgang Unterbauer und Britta Larsen durchsuchen das Schiff von oben bis unten. Merkwürdig – die Gdansk hat Streusalz geladen. Und das im Sommer! Sympathisch sind ihnen der Kapitän und seine Männer auch nicht. Aber das ist alles. Von Drogen keine Spur. Wieder falscher Alarm?

Rolf Hohmann weiß, daß seine Augen größer waren als der Magen. Sinnbildlich gesprochen. Als er den Kaufvertrag in der Hand hielt, war ihm ein wenig mulmig geworden. Donnas Blicke und Küsse machten die Sache noch eine Weile wett, aber später dann zitterten ihm die Knie. Täglich spricht er sich nun Mut zu. Einmal im Leben, hast du dir gesagt. Nur ein Mal im Leben. Sein Gehalt als Funker an Bord der *Albatros* ist nicht die Welt. Es wird Jahre dauern, viele Jahre, bevor der glänzende Flitzer abbezahlt sein wird. Ob das Interesse Donnas ebensolange hält? Und wenn die ersten Kratzer kommen, die erste Beule – nicht auszudenken. Rolf hat sich etwas einfallen lassen müssen, wie er seinen Sonnenstrahl in Zukunft über die Runden bringt: Versicherungen.
„Was ist, wenn du über Bord gehst?“ fragt er in der Kombüse seinen Kollegen Kalle Schneidewind und demonstriert den Fall, indem er einen Salzstreuer ins Abspülbecken fallen läßt.
„He, spinnst du!“ protestiert Kalle und fischt den Streuer wieder heraus.
„Kannst mal sehen, wie schnell so was passiert“, trumpft Rolf auf.
„Und dann holt mich deine Versicherung wieder raus?“ fragt Kalle skeptisch. Er schüttelt den Salzstreuer. Es gluckert. Das Salz hat sich im Wasser völlig aufgelöst.
„Natürlich nicht. Aber wenn du dich verletzt hast ...“ hebt Rolf zur Erklärung an.

„Mensch!“ unterbricht Kalle ihn plötzlich. „Der alte Trick!“ Und hastet so schnell er kann auf die Brücke.
Welcher Trick, fragt sich Rolf und blickt ihm verwundert hinterher. Eigentlich hat er nichts anderes getan, als sich klassischer Überzeugungsargumente bedient. Ob man die als Tricks bezeichnen kann?

Kapitän Ehlers kann kaum glauben, was Schneidewind ihm da erzählt. Könnten die Drogenschmuggler wirklich den Stoff mit Salzsäcken beschwert und ins Wasser geworfen haben? „Wenn das Salz sich aufgelöst hat, tauchen

die Beutel mit dem Rauschgift wieder auf“, hat Kalle ihm erklärt. Einleuchtend klingt es schon.
„Wir kehren um!“ schallt Ehlers’ Kommando. „Volle Kraft voraus!“ Die Gdansk kann noch nicht weit sein.
Nicht zu fassen – als die *Albatros* das polnische Frachtschiff erreicht hat, sind zwei der Schmuggler gerade dabei, die Behälter mit dem Rauschgift aus dem Wasser zu fischen. Sie hocken in einem kleinen Boot. Überrumpelt! Aber auf der Gdansk merkt man schnell, daß die Ladung verloren ist. Der Kapitän

sucht samt Schiff das Weite und läßt seine beiden Männer hilflos in dem Boot zurück. Die *Albatros* fischt sie auf. Viel ist aus den Männern beim Verhör nicht herauszubekommen. Sie geben sie vor, kein Deutsch zu verstehen. Auch wenn das Rauschgift verloren ist, handelte es sich bei diesem Einsatz nicht um falschen Alarm. Das ist beruhigend für Kapitän Ehlers. Vielleicht ist die Serie der Falschmeldungen ja vorbei, hofft er, als die *Albatros* im Rostocker Hafen vor Anker geht.

Am nächsten Tag wird Ehlers ins Büro von Dienststellenleiter Kurt Weber zitiert: Es ist dicke Luft. Hoher Besuch hat sich angekündigt, Hauptkommissar Hermann Gruber vom Polizeipräsidium. Gruber ist ein Mann, der an allem zweifelt, nur nicht an den eigenen Fähigkeiten. Ein Besserwisser par excellence. Der Vorwurf, den er an Ehlers richtet, trifft den wunden Punkt, den der Kapitän überwunden glaubte. „Die Drogenhändler scheinen immer schon vorher zu wissen, daß wir kommen, und schaffen das Rauschgift beiseite", sagt er. „Es muß eine undichte Stelle auf unserer Seite geben." Mißtrauisch blickt er Kapitän Ehlers an. „Und wenn Sie mich fragen, befindet sie sich auf der *Albatros*."
Ehlers ist empört. „Einer von meinen Leuten soll ein Spitzel sein?" Er ist aufgesprungen. „Niemals! Für meine Mannschaft lege ich die Hand ins Feuer." Auch Dienststellenleiter Kurt Weber macht einen betroffenen Gesichtsausdruck. Er weiß, welch grenzenloses Vertrauen Ehlers in seine Crew setzt – und was für zuverlässige Leute das sind auf der *Albatros*.
„Vielleicht spielt ja ihr Informant falsch!" gibt Ehlers zu bedenken.
Aber Gruber wehrt ab. „Ausgeschlossen. Er mag kriminell sein, aber er ist nicht dumm. Sein Sündenregister ist lang, und wenn er sich einen Patzer erlaubt, sitzt er wieder im Bau. Ich habe ihn in der Hand, wenn Sie verstehen, was ich meine."
Gruber besteht darauf, die nächsten Tage auf der *Albatros* zu verbringen und die Mannschaft näher unter die Lupe zu nehmen. Als Ehlers protestiert, zieht er eine schriftliche Anordnung des Polizeipräsidiums aus der Brusttasche: Gruber hat vorgesorgt.
Als der Hauptkommissar gegangen ist, sitzen Ehlers und Weber noch ein wenig beisammen. Ehlers kann nicht begreifen, warum seine Crew beschuldigt werden soll – als wolle man eine Familie zerstören!
Das Telefon klingelt. Weber nimmt ab und sieht plötzlich sehr besorgt aus. Er spricht mit seiner Frau, wird aschfahl im Gesicht. Ehlers fragt nach, als der Anruf vorbei ist, aber Weber scheint seinen Freund und Kollegen nicht belasten zu wollen. „Es ist nichts", spielt er sein Problem herunter. „Sie fühlt sich nur nicht wohl, weißt du – das Übliche, die Wechseljahre."

Hauptkommissar Gruber hat die *Albatros* eben betreten, als ein gelber Sportwagen in rasantem Tempo vorfährt. Hohmann springt heraus. Er ist spät dran, das weiß er. Aber Donna tut sich mit dem Abschied immer so schwer. Ja, noch ein Küßchen, einen Liebesschwur, einen leidenschaftlichen Blick,

eine Umarmung. Die Mannschaft steht an Deck der *Albatros* und gröhlt dazu. Bis auf Gruber.
„Herr Hohmann", sagt er streng, als Rolf mit hochrotem Kopf an Bord gesprungen ist. „Ich möchte Sie sprechen."
Gruber hat Rolf auf dem Kieker. Wie kann sich ein einfacher Funker ein so teures Auto leisten? Aber Hohmann ist nicht der einzige, dem der Hauptkommissar mißtraut. Von Kalle Schneidewind weiß er, daß der schon seit langem eine Weltreise plant, und Maschinist Unterbauer soll dabei sein, ein altes Boot auf Vordermann zu bringen.
Die Verdächtigungen Grubers wirken auf der *Albatros* wie schleichendes Gift. Jeder beginnt jeden zu verdächtigen. Kapitän Ehlers und Britta Larsen beobachten diese Entwicklung an Bord mit größter Sorge.
Zwei Tage später – die *Albatros* befindet sich gerade auf einer Routinepatrouille nordöstlich von Kiel – klingelt das Handy in der Tasche von Hauptkommissar

Gruber. Sein Informant meldet sich. Auf dem Frachter Desdemona, so teilt er Gruber mit, befinde sich eine Ladung Rauschgift.
„Ich melde den Einsatz der Zentrale“, sagt Ehlers, erleichtert, daß er Gruber nun zeigen kann, mit welchem Einsatz seine Mannschaft Schmugglern das Handwerk zu legen bereit ist.
Suchend dreht er sich um. „Herr Gruber?“
Aber der Hauptkommissar ist in den Funkraum geeilt, um Rolf auf die Finger zu schauen. Als er den Raum betritt, beendet Rolf hastig ein Telefongespräch. „Das war privat!“, rechtfertigt er sich. Gruber glaubt ihm kein Wort.

Grubers Informant mit dem ellenlangen Strafregister ist nach außen hin nur Mechaniker in einer Bootswerft. Doch Manfred Habach ist bis über beide Ohren ins Rauschgiftgeschäft verstrickt. Und weil die Polizei über ihn Bescheid weiß, muß er für sie seine eigenen Leute bespitzeln. Die Alternative ist Knast. In letzter Zeit hat Habach der Polizei zahlreiche Tips gegeben. Nur, wenn die *Albatros* die jeweiligen Boote erreicht hatte, schienen sie sauber zu sein. Ist Habach ein Lügner? Deckt er schließlich doch seine Leute? Gruber hat sich Habach vorgeknöpft – und der hat ihm versichert, daß seine Tips wasserdicht gewesen seien. Letztlich hat Gruber Vertrauen zu Habach – schließlich sitzt er mit einem Bein im Gefängnis. Für Gruber kommt nur eine undichte Stelle auf der *Albatros* in Frage, deshalb befindet er sich ja an Bord des Küstenwachschiffes.
Aber Habach ist ins Grübeln gekommen. Die Sache wird heiß für ihn. Die Polizei vertraut ihm nicht mehr recht ...
Um so erleichterter war Habach, als er von seinen Leuten erfuhr, daß die *Desdemona* Stoff geladen habe, bestes Rauschgift; er solle es noch heute abend abholen. Eifrig wählte er die Nummer des Hauptkommissars, um die brandneue Nachricht an ihn weiterzugeben.
Doch die Sache mit der *Desdemona* ist eine Finte. Habachs Kontaktleute waren mißtrauisch geworden. Sie fragten sich, wer ihnen jedesmal die Küstenwache auf den Hals schickt.
Als Habach von seinen Schweißarbeiten aufblickt, erschrickt er. Drei Männer stehen vor ihm. Einer ist Voster, der Chef des Drogenhändlerrings. „Schade, daß die *Desdemona* gerade eben von der Küstenwache gefilzt wird“, sagt Voster drohend.
„Verdammt!“ entfährt es Habach. „Wie konnte das denn passieren?“
Voster klärt Habach auf: Niemand außer Habach habe von der Sache mit der *Desdemona* gewußt. Um festzustellen, wer ihn mehrfach an die Polizei verraten habe, habe er sich eines Tricks bedient: Jedem seiner Männer habe er ein anderes Schiff genannt.

„Und du hast den Haupttreffer gezogen, Manfred.“
„Soll das heißen ...?“
„Die *Desdemona* ist sauber wie eine Nonnenseele.“
Habach wirft sein Werkzeug auf den Boden und versucht, durch den Hintereingang der Werkstatt zu entkommen. Aber dort wird er auch schon erwartet – Vosters Männer sind überall.

Wieder kein Rauschgift. Kapitän Ehlers schüttelt den Kopf. Auf der *Desdemona* war auch nicht die Andeutung einer Spur zu finden. Gruber, der von der Zuverlässigkeit seines Informanten überzeugt ist – und das zu Recht – ist zu einer eigenen Entscheidung gekommen: Als Funker Rolf Hohmann am Abend das Schiff verlassen will, stellt er sich ihm in den Weg. „Sie sind verhaftet.“
Hilfesuchend blickt Rolf zum Kapitän. Doch Ehlers kann ihm nicht helfen. „Sie haben kurz vor dem Einsatz mit jemandem telefoniert“, erklärt Gruber. „Dann der neue Wagen, den Sie sich bei Ihrem Gehalt gar nicht leisten können. Und schließlich hat man Sie letztes Wochenende auf der Yacht eines Kokainhändlers gesehen, den die Kripo schon seit langem überwacht.“
Ehlers blickt seinen Funker mit großen Augen an. Aber dem hat es die Sprache verschlagen. Rolf wird mit einem Streifenwagen weggebracht.

„Ich hab damit nichts zu tun“, beteuert Rolf, als sein Kapitän ihm am nächsten Tag im Untersuchungsgefängnis gegenübersitzt. „Das Auto muß ich doch noch abbezahlen. Und weil das Geld nicht reicht, hab ich mir einen Nebenjob gesucht. Versicherungen verkaufen. Deshalb mußte ich gelegentlich mal von der *Albatros* aus telefonieren. Und deshalb war ich letztes Wochenende auf der Yacht. Eine Freundin hat mir gesagt, daß da lauter reiche Leute wären. Woher sollte ich denn wissen, daß die koksen?“
Ehlers vertraut seinen Leuten. Auch dem Funker. Er verspricht ihm, mit Gruber zu reden.

Hauptkommissar Gruber kommt Ehlers schon entgegen. Er ist auf dem Weg zu seinem Auto. Sein Informant sei ermordet worden, ruft er Ehlers zu. Die Fingerabdrücke am Tatort seine die von Siegfried Voster, dem Drogendealerboß. Man wisse auch, wo er sich gerade aufhalte. Gruber springt in seinen Dienstwagen.
„Ich komme mit“, sagt Ehlers entschlossen.
Gemeinsam fahren sie zum Hafen, ein zweiter Streifenwagen rast hinterher. Voster soll sich auf einem lettischen Frachter verstecken, der Autos geladen hat. Doch als Gruber dem Kapitän das Fahndungsfoto hinhält, schüttelt der nur den Kopf.

Ehlers blickt sich um. Hinter den Autos lugt Vosters Kopf hervor. Seine Verfolger rennen los. Schüsse peitschen über das Zwischendeck. Voster hastet hinauf aufs Deck. Er feuert wie wild in die Gegend. Dann, ein Aufschrei: Gruber ist am Arm getroffen.
Wie ein gehetztes Tier blickt Voster um sich. Da stolpert er, will aufstehen und weiterrennen, kommt aber nicht hoch. Er sitzt fest. In der Laufschiene einer Ladeluke. Die tonnenschwere Luke rollt unaufhaltsam auf ihn zu. Der Mann am Schaltpult hat sich wegen der Schießerei längst in Sicherheit gebracht. Voster weiß, daß ihm nur noch Sekunden bleiben. Da fällt plötzlich ein Schatten auf ihn. Kapitän Ehlers steht vor ihm.
„Helfen Sie mir!" fleht Voster ihn an.
„Nur, wenn Sie mir sagen, wer der Verräter bei der Küstenwache ist", verlangt Ehlers.
„Ich weiß es nicht."
„Wie Sie meinen." Ehlers wendet sich ab, als wolle er gehen.
„Wirklich!" beteuert Voster. „Ich kenne ihn nicht." Entsetzt blickt er auf die Luke, die nicht mehr weit von ihm entfernt ist.
„Schade für Sie", sagt Ehlers kaltblütig.
„Warten Sie! Ich kenne ihn wirklich nicht. Aber er bekommt heute abend sein Geld. Im Drive-In am Stadtrand."
Ehlers geht ans Schaltpult und stoppt die Ladeluke.

Es ist dunkel. Ehlers wartet jetzt schon seit einer halben Stunde im Drive-In. Da sieht er plötzlich – er traut seinen Augen kaum – Kalle Schneidewind in das Restaurant hineingehen. Ehlers wartet einen Moment und schleicht sich hinterher. Schneidewind hat sich an einem Stehtisch plaziert und will gerade in einen dickbelegten Hamburger hineinbeißen, als Ehlers auf ihn zutritt.
„Von Ihnen hätte ich das am wenigsten erwartet, Schneidewind", sagt Ehlers betroffen. Kalle läuft knallrot an und läßt den Hamburger sinken. „Ich weiß", sagt er beschämt. „Ich fühl mich auch nicht gut dabei."
„Wissen Sie", dringt Ehlers nun in ihn, „was Sie der *Albatros* und Ihren Kollegen damit antun?" Schneidewind schlägt die Augen nieder. „Okay, „sagt er. „Für einen Koch ist es nicht gerade schmeichelhaft, wenn er zugeben muß, daß er auf diese Dinger steht, und ich verspreche Ihnen ehrlich, daß ich ab morgen auch mal mehr Oregano und Thymian verwenden werde. Ich hab ja sogar jetzt auch Curry in der Kombüse..."
Jetzt erst begreift Ehlers, daß sie aneinander vorbeireden. Ihm fällt ein Stein vom Herzen. Erleichtert schmunzelt er. „Sie sind zum Essen hier?"
„Warum sonst?" kommt es harmlos von seinem Koch zurück. Der sich nicht verkneifen kann, mit einem Grinsen hinzuzufügen: „Ich scheine mit meinem

Geschmack aber nicht alleine dazustehen.“ Dabei fällt sein Blick auf einen Wagen, der jetzt draußen vor den Schalter gefahren ist.
„Und wir beide sind wohl nicht die einzigen!“ ruft Kalle laut und zeigt triumphierend auf das Auto am Schalter. Kurt Weber sitzt darin. Der Dienststellenleiter.
„Weber?!“ Im Nu ist Ehlers aus dem Raum gerannt.
Draußen beobachtet er, wie Weber seinen unangetasteten Hamburger samt Tablett in den Müllcontainer wirft – und ein Päckchen aus dem selben Container wieder herauszieht. Ehlers springt zu Webers Wagen und setzt sich auf den Beifahrersitz.
Weber eilt zu seinem Auto zurück und steigt ein. Entsetzt stellt er fest, daß Ehlers im Wagen auf ihn wartet.
„Ist das dein Judaslohn?“ fragt Ehlers seinen Kollegen mit Blick auf das Päckchen.
Weber ist wie versteinert. „Du mußt das verstehen“, beginnt er sich zu rechtfertigen. „Du weißt ... Ingeborg ... meine Frau ... es geht ihr nicht gut. In Deutschland kann man ihr nicht mehr helfen. In Toronto gibt es einen Spezialisten. Aber wovon soll ich den bezahlen? Ich hab schon mein ganzes Geld ausgegeben.“

„Wieso bist du nicht zu mir gekommen, Kurt?“ fragt Ehlers, der in diesem Augenblick ein tiefes Mitgefühl für seinen Freund und Kollegen empfindet – trotz allem. „Wir hätten eine Möglichkeit gefunden.“
„Ich war so verzweifelt“, stammelt Weber: „Ich hab keinen anderen Ausweg gesehen. Die Banken wollten mir nichts mehr leihen, und unser Haus ist schon bis unters Dach belastet. Ich wollte sie nicht sterben sehen, Holger. „

„Vielleicht kommt Weber mit Bewährung davon“, sagt Ehlers, als sich seine Mannschaft am nächsten Morgen nach dem Schicksal des Dienststellenleiters erkundigt. „Immerhin hat er alles gestanden. Und bisher war er ja völlig unbescholten.“ Alle mögen Weber.
„Und wer wird sein Nachfolger?“ rufen alle wie aus einem Munde.
Ehlers zuckt mit den Schultern. Aber sie müssen nicht lange im unklaren bleiben. Wenige Minuten später kommen der Leiter des Präsidiums und Hauptkommissar Gruber zur Anlegestelle.
„Ich möchte Ihnen den Nachfolger von Herrn Weber vorstellen“, sagt der Leiter, „Polizeihauptkommissar Gruber.“
Kalle und Rolf wechseln Blicke, Anke und Britta, Ehlers und Unterbauer gucken sich an. Gruber entgeht das nicht. „Auf gute Zusammenarbeit“, sagt er.
„An uns soll's nicht liegen“, erwidert Kapitän Ehlers.

Am nächsten Morgen taucht Rolf mit dem Fahrrad am Anlegeplatz auf.
„Morgen!“ ruft er Anke zu und wirft ihr eine Kußhand aufs Boot.
„Was hast du mit deinem gelben Flitzer gemacht?“ fragt Kalle besorgt, als er dem Funker den Kaffee reicht.
„Verkauft“, sagt Rolf und bemüht sich, gelassen zu wirken, „samt Freundin, wenn du's ganz genau wissen willst.“ Aber Kalle will es sicherheitshalber nicht ganz genau wissen.
„Und mit Versicherungen handele ich jetzt auch nicht mehr“, fügt Rolf hinzu, während er mit dem Löffel in die Zuckerdose fährt. „Das überlaß ich doch lieber anderen. Ich hab ja noch nicht mal einen einzigen Abschluß geschafft.“
„Gratuliere, Junge“, sagt Schneidewind anerkennend und klopft dem Funker auf die Schulter. „Dafür koch ich dir heute mittag was ganz Besonderes: Thymianburger mit Currysoße auf Oreganocreme!“
„Hä?“ sagt Rolf und nimmt einen ersten, warmen, guten Schluck vom Morgenkaffee á la *Albatros*.

Die Flucht

Christian Gellersen ist müde. Sehr müde. Nächtelang hat er wachgelegen und gegrübelt. Warum spielt ihm das Schicksal so übel mit? Was hat es mit ihm vor?
Er starrt auf das Wasser. Hier, im Yachthafen, hatten sie sich kennengelernt. Er und Sonja, die später seine Frau wurde. Sonjas Eltern besaßen ein großes Boot, während er, Christian, sich gerade eine kleine Jolle zusammengespart hatte. Sonjas Vater sah es nicht gern, daß seine Tochter auf die Jolle überwechselte. Obwohl sie bereits erwachsen war, schien er eifersüchtig auf jeden Mann zu sein, der in ihre Nähe kam.
Aber er konnte ihrem Glück nichts anhaben. Gellersen erinnert sich noch genau, wie sie sich nach der Hochzeit eine 15-Meter-Yacht kauften – um mal weiter wegzufahren. Sie tauften sie „Sonja".
Ob alles nur ein böser Traum ist? Christian fährt sich mit beiden Händen durchs Haar. Nein. Es ist wahr. Sonja ist tot. Sie hatten das Auto erst ein halbes Jahr. Aber es war schnell. Schneller als das, mit dem Sonja vorher immer zur Arbeit gefahren war. Die Straße war regennaß und rechts und links von alten Eichen umsäumt. Sie nahm den Fuß zu spät vom Gas – sie muß sofort tot gewesen sein.
„Papa?" Die Stimme seines Sohnes reißt ihn aus seinen Gedanken.
Der Fünfjährige ist aus dem Inneren des Schiffes an Deck geklettert. „Mir ist langweilig. Wann kommt denn Mami?"
Christian Gellersen hat es nicht übers Herz gebracht, seinem Sohn die Wahrheit zu sagen. Er versucht, die Sorgen vor dem Kind zu verbergen. Wenn Tim im Kindergarten ist, liegt sein Vater apathisch auf dem Bett und hört Musik. Wie gelähmt ist er, seit Sonja nicht mehr lebt. Als stehe er noch immer unter Schock. Sein Arbeitgeber hat ihm geraten, sich krankschreiben zu lassen. Manchmal hat er die Befürchtung, durchzudrehen.
Gellersen steht auf, geht auf seinen Sohn zu und hockt sich vor den Kleinen.
„Ich weiß nicht, ob Mami heute kommt..."
„Du hast es mir aber versprochen", sagt der Junge traurig.
Gellersen streicht seinem Sohn über das kurze, blonde Haar. Fieberhaft überlegt er, was er ihm antworten könnte. Dabei streift sein Blick die Anlegestelle. Zwei Männer nähern sich der Yacht. Der eine ist Gunnar Heistings, sein Schwiegervater. Begleitet wird er von einem jungen, ungepflegt wirkenden Mann in verwaschenen Jeans und Holzfällerhemd.

Gellersen packt seinen Sohn mit beiden Händen und sieht ihm fest in die Augen. „Geh sofort wieder nach unten. Schnell."
Erschrocken befolgt der Kleine den Befehl des Vaters. Gellersen springt auf den Steg und geht den Besuchern entgegen.
„Was willst du?" fährt er seinen Schwiegervater barsch an.
„Den Jungen!" gibt dieser ebenso schroff zurück.
„Der ist nicht hier", behauptet Gellersen. Aber Heistings glaubt ihm nicht. Er kommt gerade vom Jugendamt. Gellersen hätte mittags den kleinen Tim bei einer ihm zugeteilten Pflegefamilie abliefern müssen. Man hat ihm das Sorgerecht entzogen. Aber die Familie hat vergeblich auf das Kind gewartet. Er muß seinen Sohn also bei sich haben.
„Du hast mir schon meine Tochter weggenommen", zischt Heistings seinen Schwiegersohn an. „Meinen Enkel bekommst du nicht."
Gellersen tritt ganz nahe an Heistings heran. Er kann sein exklusives Parfum riechen. Dem Maßanzug des Schwiegervaters sieht man an, daß er ein Vermögen gekostet hat. Um so schäbiger das Outfit seines Begleiters, der jetzt bedrohlich nahekommt.
„Sonja war nicht mehr deine kleine Tochter", sagt Gellersen. „Sie war eine erwachsene Frau. Und sie hat sich für mich entschieden. Akzeptiere das endlich!"

Für einen Augenblick scheint es, als wolle sich Heistings auf seinen Schwiegersohn stürzen. Aber er beherrscht sich.
„Sonja ist tot. Das muß ich akzeptieren. Und das bricht mir das Herz", sagt er, während er seine Augen zu kleinen Schlitzen zusammenzieht. „Aber ich werde nie akzeptieren, daß du in ihrem Leben eine Bedeutung hattest. Und noch weniger werde ich akzeptieren, daß ihr Kind bei dir aufwächst."
„Ich bin sein Vater", sagt Christian fest.
Der Alte lacht zynisch. „Schau dich doch an! Du tickst ja nicht mehr richtig!" Dann gibt er seinem Begleiter ein Zeichen, und sie stürmen auf die Yacht zu. Gellersen versperrt ihnen den Weg. Heistings Begleiter geht mit geballten Fäusten auf Gellersen zu. Der ergreift einen Bootshaken und hebt ihn drohend hoch. Da holt Heistings aus seiner Jackentasche einen Revolver hervor. „Jetzt ist Schluß", brüllt er. „Hau ab!"
Verzweifelt wirft Gellersen dem Alten den Bootshaken entgegen. Heistings will ausweichen – den Augenblick nutzt Gellersen, um ihm die Waffe zu entreißen. Heistings kämpft, versucht seinen Kontrahenten zu Boden zu werfen. Sein Begleiter will ihm zu Hilfe kommen, aber Gellersen stößt ihn mit einem wuchtigen Hieb ins Wasser. Schwiegervater und Schwiegersohn ringen miteinander um die Waffe. Da löst sich plötzlich ein Schuß – und Heistings sinkt zu Boden.

Gellersen kann nicht fassen, was geschehen ist. Entsetzt blickt er auf den wie leblos daliegenden Schwiegervater. Dann springt er den Bootssteg entlang zur Yacht, macht sie los und läßt den Motor an. Während die Yacht Kurs auf die offene See nimmt, blickt Gellersen noch einmal zum Ufer zurück. Er sieht, wie Heistings Begleiter sich über seinen Schwiegervater beugt.

Die Ostsee ist an diesem Tag ruhig und freundlich. Eine leichte Brise weht. An Bord der *Albatros* redet keiner länger als nötig – typische Folge eines zu schweren Mittagessens.
„Das waren ja ziemliche Klopper, die Schnitzel", stöhnt Rolf und streicht sich über den Bauch.
Anke muß herzhaft gähnen. „Jetzt einen Kaffee", sagt sie träumerisch, in der stillen Hoffnung, daß Kalle Schneidewind in seiner Gutmütigkeit ihr den langen Weg zur Kaffeemaschine ersparen und sie bedienen möge. Doch die Idylle währt nicht lange. Ein Funkspruch der Zentrale ruft die Mannschaft auf den Plan.
„Wir müssen eine Yacht namens Sonja suchen", gibt Rolf den Auftrag an Kapitän Ehlers weiter. „Es handelt sich um Kindesentführung. Der Vater, Christian Gellersen, hat seinen Schwiegervater aus zwei Meter Entfernung brutal niedergeschossen und ist dann mit dem Kind in der Yacht geflüchtet.
Ein Angestellter des Schwiegervaters, Schlüter, war Zeuge." Er reicht dem Kapitän eine Beschreibung des Bootes und ein Foto von Gellersen. „Soll völlig unberechenbar sein, der Kerl."
Ehlers vermutet, daß Gellersen plant, so schnell wie möglich deutsches Hoheitsgebiet zu verlassen. Anke soll daher seinen möglichen Kurs berechnen. „Unterbauer, volle Kraft voraus", sagt Ehlers dann.
Der Maschinist legt die Hebel langsam um. „Hoffentlich finden wir die Yacht bald", sagt er. „Nicht, daß wir ein totes Kind aus dem Teich ziehen müssen."

Britta Larsen hat sich fürs erste vom Dienst auf See beurlauben lassen. Nach einem Fahrradunfall ist sie noch nicht so richtig fit. Eine Schramme an der Wange und ein Pflaster am Kinn zeugen von ihrer unliebsamen Bekanntschaft mit dem Asphalt. Aber sie braucht sich nicht zu langweilen – Kapitän Ehlers hat sie nicht vergessen: Per Handy erteilt er ihr den Auftrag, mehr Informationen über Gellersen zu sammeln. Sie schließt sich Kommissar Golinski an, der der Küstenwache einen Besuch abgestattet hat, um die Zusammenarbeit zu koordinieren. Ein Muffelkopf, wie es scheint. Britta hat das Gefühl, daß er sie außerdem nicht ganz ernst nimmt.

MITSUBISH

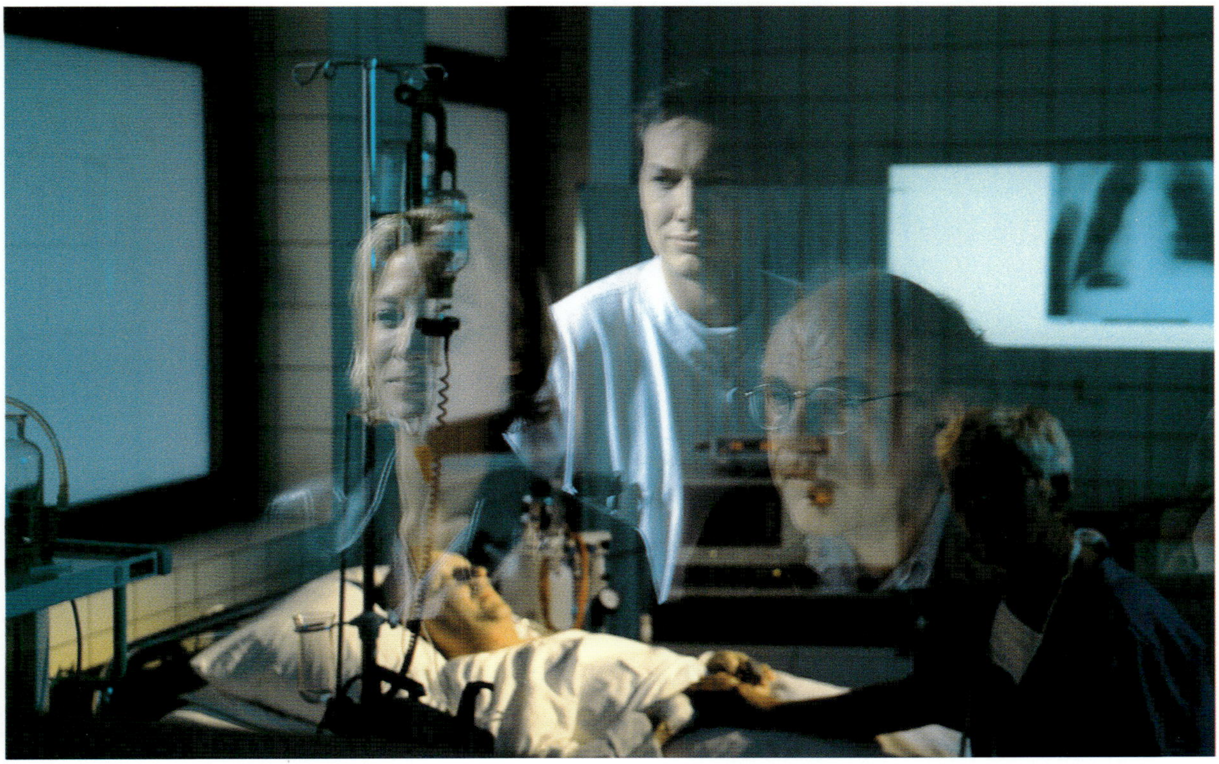

Im Krankenhaus erfahren die beiden, daß Heistings von dem Schuß nur gestreift wurde. Dafür aber hat er einen Herzinfarkt erlitten. Doch Gellersens Schwiegervater wird überleben.
„Eigenartig", meint Britta. „Da schießt einer gezielt aus zwei Meter Entfernung und verfehlt einen Mann von Heistings Statur ..."
Golinski mustert sie über den Rand seiner Lesebrille hinweg. „Entweder hat unser Schütze einen Sehfehler", sagt er.
„Oder unser Zeuge Schlüter lügt", ergänzt Britta schnell.

Die Sonja kommt nur langsam voran – mit Motorkraft. Gellersen sitzt am Ruder des Schiffes. Er ist aschfahl im Gesicht. Man wird ihn bestimmt des Mordes beschuldigen. Dabei kann er sich nicht erklären, wie es dazu kommen konnte.
Tim kommt zu ihm geklettert. Er sieht verstört aus, hält einen Stoffpinguin fest an sich gedrückt. „Ist Opa böse auf dich?" fragt er seinen Vater. „Er hat vorhin so laut geschrien."
Gellersen zieht seinen Sohn an sich. „Weißt du", sagt er, „der Opa und ich sind nicht immer einer Meinung. Er will, daß du bei ihm wohnst."
Tim sieht seinen Vater mit großen Augen an. „Ich will aber bei Mama und dir wohnen", sagt er.

„Das will ich auch. Und ich geb dich nicht her."
Gellersen zieht seinem Sohn eine Schwimmweste über. „Wir machen heute einen schönen Segelausflug", sagt er.
Der Kleine lächelt. „Und wohin?" fragt er.
Gellersen zeigt mit dem Finger in die Ferne. „Da hin. Wo sich Himmel und Meer berühren."
„Und was ist da?" fragt der Knirps.
„Da ist es ganz schön."
„Ist da auch die Mama?" fragt Tim.
„Ja", antwortet sein Vater leise, „da hinten wartet die Mama auf uns."

Angestrengt blickt Kapitän Ehlers durch sein Fernglas. Von der Yacht ist nichts zu sehen. Auch auf dem Radar ist sie bisher nicht aufgetaucht.
„Ein Vater, dem das Sorgerecht entzogen wurde", mutmaßt Unterbauer. „Was muß da zu Hause alles vorgefallen sein?"
Kapitän Ehlers schüttelt den Kopf. „Was manche Kinder alles ertragen müssen..."
Da erscheint Rolf auf der Brücke. „Britta hat sich eben gemeldet", sagt er, noch ganz außer Atem. „Sie hat eine Freundin der Familie Gellersen befragt. Die vermutet, daß Gellersen zur Insel Liebnitz unterwegs ist. Er war dort oft

mit seiner Frau." Und Rolf ergänzt noch: „Mit seiner verstorbenen Frau."
Unterbauer und Ehlers sehen sich an.

Kommissar Golinski wartet ungeduldig auf Britta Larsen. Wo sie nur bleibt? Diese jungen Damen nehmen Dienstzeiten manchmal nicht ernst genug, denkt er. Da fällt ihm ein, daß Britta ja auf dem Jugendamt ist, um mehr über den Sorgerechtsstreit um Gellersens Sohn Tim zu erfahren. Golinski setzt sich an seinen Computer und stellt erfreut fest, daß dieser einiges über den Zeugen Schlüter zu sagen hat. Da wird sich Frau Larsen aber freuen, denkt Golinski und zündet sich ein Pfeifchen an. Doch, sie hat was, die Larsen, sie hat was. Eine ungewöhnliche Frau.
Da fliegt die Tür auf. „Moin!" Britta weht in das verstaubte Dienstzimmer hinein wie ein Frühlingswind. Golinski platzt gleich mit der neuesten Nachricht heraus: „Schlüter ist mehrfach vorbestraft. Körperverletzung, schwere Körperverletzung, und so weiter. Er ist nur auf freiem Fuß, weil er Bewährung bekommen hat. Fragen Sie mich nicht, wieso. Und bei jeder seiner Straftaten stand er im Dienst von Heistings. Scheint für seinen Chef die Drecksarbeit erledigt zu haben."
Gut gemacht, denkt Britta. Macht Spaß, die Zusammenarbeit mit diesem schwer zugänglichen Muffelkopp. Er hat was, wirklich, er hat was. Schönheit nicht. Aber Charisma.
„Gellersen soll seinen Sohn geschlagen haben. Deshalb wurde ihm das Sorgerecht entzogen", berichtet sie von ihrem Besuch beim Jugendamt. „Eine angebliche Freundin soll das vor dem Amt ausgesagt haben. Und raten Sie mal, wer diese angebliche Freundin ist?"
Golinski hat aufgehört, an seinem Pfeifchen zu saugen und sieht Britta aufmerksam an. „Na?"
„Es ist Katharina Schlüter, die Schwester unseres lieben Zeugen Jochen Schlüter."
„Soso. Ich denke, den Knaben sollten wir uns noch einmal richtig vorknöpfen!"

Sie werden ihn kriegen. Atemlos hastet Gellersen den Strand hinauf. Noch ist weit und breit nichts zu sehen, aber Gellersen hat eine Vorahnung. So wie damals, am Vorabend von Sonjas Autounfall, als ihn so ein merkwürdiges Gefühl beschlichen hatte. Er hatte Angst bekommen, sie zu verlieren, eine große, schreckliche Angst, die beide dann als Überspanntheit abtaten – schließlich hatte Gellersen an diesem Tag besonders hart gearbeitet.
Tim trottet hinter ihm her. Das Kind ist müde und hungrig, aber es beißt tapfer die Zähne zusammen. Es freut sich auf seine Mama, die es hofft, auf der

Insel zu treffen – so, wie es sein Papa ihm versprochen hat. Gellersen stolpert, strauchelt. Wohin soll er gehen mit dem Jungen, was hält das Leben noch an Schönem für sie bereit? Sie werden auseinandergerissen werden, sobald sie wieder an Land sind. Muß ein Mann das alles aushalten? Ist es nicht legitim, diesem Leiden ein Ende zu machen? Ein schnelles, schmerzloses Ende?
„Wann treffen wir Mama denn?" fragt der Junge plötzlich und bleibt stehen. Gellersen dröhnt der Kopf. Ihm ist schwindelig. Er hockt sich vor seinen Sohn und sagt. „Tim. Ich muß dir etwas erklären. Mama kommt nicht mehr. Sie schaut aber vom Himmel auf uns herunter. Sie ist tot."
„Das ist nicht wahr!" Der Kleine reißt sich los. „Du hast mir versprochen, daß wir Mama hier treffen!" Tränen laufen ihm über das Gesicht. Gellersen sinkt in sich zusammen. Der Junge aber läuft davon.
Als Gellersen sich wieder gefangen hat, ist sein Sohn nicht mehr zu sehen. „Tim?!" ruft er erschrocken und schleppt sich weiter durch den Wald. „Tim! Wo steckst du? Komm zurück!"

Nur widerwillig läßt Jochen Schlüter sich von den zwei Polizisten ins Vernehmungszimmer bringen.

„Jetzt hör mal zu“, sagt Kommissar Golinski scharf. „Wir wissen genau, daß du nur auf Bewährung draußen bist. Wenn du nicht spurst, fährst du sofort wieder in den Bau, ist das klar?“
Britta lächelt. Golinski ist ja ein richtiges Energiebündel!
„Wie war das mit der Aussage Ihrer Schwester?“ fragt sie. „Daß Tim von seinem Vater geprügelt wurde?“ Schlüter scheint einen inneren Kampf auszutragen. Dann stößt er hervor: „Heistings hat sie für diese Aussage bezahlt. Er wollte das Kind, und wir hatten nichts gegen Gellersen in der Hand.“
„Und wie war das im Yachthafen“, dringt Golinski nun auf Schlüter ein. „Gellersen hat auf Heistings geschossen?“
Schlüter sieht zu Boden. „Ganz ... ganz so war es nicht“, stammelt er. „Er hat mich ins Wasser gestoßen, und dann hat Heistings eine Pistole gezogen. Die beiden haben gekämpft. Dabei hat sich ein Schuß gelöst.“
„Verstehe“, sagt Golinski. „Damit sieht die Sache schon ganz anders aus. Wenn der Mann jetzt total durchdreht, tragen Sie die Verantwortung dafür. Ich möchte nicht in ihrer Haut stecken.“

Die *Albatros* liegt vor der Insel Liebnitz. Kapitän Ehlers hat aus seiner Mannschaft zwei Suchtrupps gebildet, die jetzt getrennt voneinander die Insel

durchkämmen. Die Nerven der Leute sind zum Zerreißen gespannt: Was, wenn der Mann plötzlich durchdreht? Möglich wäre es, das ist allen bewußt, denn aus seiner Sicht der Lage hat er nichts mehr zu verlieren.
„Vierzehneins für Vierzehn", meldet sich Schneidewind in diesem Augenblick über Funk. „Vater und Sohn können nicht weit sein. Ich habe einen Plüschpinguin gefunden. Ich denke, daß er dem Jungen gehört."
Plötzlich ein Rufen. „Tim! Tim!"
Ehlers und seine Leute horchen auf: Offensichtlich haben Vater und Sohn einander aus den Augen verloren. Das ist die Chance für die Männer der Küstenwache.

Tim hat sich verirrt. Der kleine blonde Junge stolpert ziellos vor sich hin. Er ruft nach seiner Mutter. Er findet seinen Papa nicht mehr. Und auch den Pinguin hat er im Wald verloren.
„He, Kleiner, warte mal!"
Erschrocken fährt der Junge herum. Vor ihm stehen drei dunkel gekleidete Männer. In ihren Händen haben sie Pistolen. Einer von ihnen, Kalle Schneidewind, hält ihm das Stofftier entgegen. Vorsichtig greift das Kind danach und drückt das Plüschtier fest an sich.
Da bricht sein Vater aus dem Unterholz hervor, packt den Jungen und zieht ihn mit sich fort, die Pistole schußbereit. Sein Gesicht ist verzerrt vor Verzweiflung.
In diesem Augenblick kommen Kapitän Ehlers und seine Leute aus dem Wald.
„Legen Sie die Waffe weg", ruft er Gellersen zu. „Und bitte, beruhigen Sie sich. Sie trifft keine Schuld."
„Verschwinden Sie!" schreit der Vater. „Ich will nur meinen Sohn. Sonst nichts."
„Aber Sie tun alles, um ihn zu verlieren", sagt Ehlers ruhig. Er weiß, daß es jetzt auf jedes Wort ankommt. Es gilt, den Mann zu überzeugen. Gellersen muß Vertrauen schöpfen. Eine schwierige Aufgabe. Sekunden können über Leben und Tod entscheiden.
„Ihr Schwiegervater lebt", sagt Ehlers. „Wir wissen, daß es zwischen Ihnen beiden einen Kampf gegeben hat. Sie trifft keine Schuld an dem Schuß. Es war ein Streifschuß übrigens. Ihr Schwiegervater hatte allerdings eine Herzattacke. Aber er wird, das wissen wir schon."
Noch hält der Mann seine Waffe schußbereit. Aber in seinem Gesicht glaubt Ehlers einen leisen Hoffnungsschimmer zu erkennen.
„Selbst wenn Sie recht haben", sagt Gellersen. „Er wird alles tun, um mir Tim wegzunehmen."

„Dann sollten Sie um ihn kämpfen“, antwortet der Kapitän. „Aber mit anderen Mitteln als bisher. Sie haben mit Ihrem Schwiegervater mehr gemeinsam, als sie glauben. Sie haben beide einen Menschen verloren, den sie geliebt haben.“
„Es ist doch alles sinnlos!“ sagt Gellersen leise.
Doch Ehlers hat den richtigen Draht zu ihm gefunden. „Sehen Sie sich Ihren Sohn an“, fordert er ihn auf. „Und dann sagen Sie noch einmal, daß alles sinnlos ist.“
Gellersen läßt die Waffe sinken. Tränen laufen ihm über das Gesicht. Sein Sohn blickt mit großen Augen zu ihm hoch. Der Vater beugt sich zu dem Kleinen hinab und nimmt ihn fest in den Arm. Oder umarmt der Sohn den Vater?

Es ist schon dunkel, als die *Albatros* in den Hafen zurückkehrt. Erschöpft und müde verlassen Gellersen und sein Sohn samt Pinguin das Schiff. Kalle hat den Kleinen auf der Rückfahrt mit seiner Linsensuppe á la Schneidewind noch satt gemacht, und auch sein Vater hat eine ordentliche Portion verspeist.
Gellersen kann noch nicht fassen, daß sich jetzt alles zum Guten wendet. Daß er das Sorgerecht zurückbekommen wird, weil es auf falschen Anschuldigungen beruhte. Und er kann nicht fassen, daß er noch vor wenigen Stunden bereit war, seinem Leben ein Ende zu machen. Und dem seines Sohnes. Wie schnell sich die Dinge wandeln können.
Kapitän Ehlers reicht ihm zum Abschied die Hand.
„Ich danke Ihnen“, sagt Gellersen aus tiefstem Herzen.
„Gehen Sie nach Hause und ruhen Sie sich aus“, schlägt Ehlers vor.
Doch Gellersen gibt eine verblüffende Antwort. „Später“, sagt er, und drückt seinen kleinen Sohn fest an sich. „Zuerst gehen Tim und ich ins Krankenhaus. Ich will mich mit meinem Schwiegervater aussöhnen.“
„Ein guter Anfang“, sagt Kapitän Ehlers anerkennend.

Der Piratensender

Gegensätzlicher als die Mitbewohner Anke Diekmanns können Angehörige einer Wohngemeinschaft nicht sein: Julian ist aktiver Naturschützer, Laura hingegen, in der Modebranche tätig, hat mit Politik gar nichts am Hut, möchte allenfalls regelmäßige Monopoly-Abende durchsetzen, und Anke, als Bootsfrau bei der Küstenwache des Bundesgrenzschutzes, liegt irgendwo dazwischen: Sie ist für Umweltschutz, möchte aber nicht ständig darüber reden müssen.

Was die drei verbindet ist ein Sender: Radio Reality. Sie lieben die Musik und freuen sich über die frechen Beiträge.

„Es ist doch immer dasselbe“, mault Anke, als Laura schon wieder mit dem Monopoly-Karton winkt, „die Reichen werden reicher und die Armen verlieren.“

„Ich find's geil“, schwärmt Laura, „ist doch nur ein Spiel.“

„Eben nicht“, brummt Julian von der Küche her. „Es ist wie im richtigen Leben.“

„Du bist nur sauer, weil du heute mit dem Abwasch dran bist“, kontert Laura. Sie setzt sich an den runden Tisch im Wohnzimmer und baut das Spiel auf. „Dann spiel ich eben alleine“, sagt sie fröhlich und trällert zu der Musik, die aus dem Küchenradio ins Zimmer dringt.

„Hallo, hallo“, meldet sich Moderator Werner Büsing von Radio Reality zu Wort, „für alle, die uns noch nicht eingeschaltet haben. Hier ist Ihr Sender Radio Reality. Der Sender, der Ihnen die Wahrheit sagt.“

„Na gut“, seufzt Anke gutmütig mit Blick auf ihre Armbanduhr. „Aber nur ein halbes Stündchen. Dann hab ich Dienst.“ Sie setzt sich zu Laura und beginnt zu würfeln.

„Der Sender, der Ihnen sagt, wo Ihre Steuern bleiben“, fährt der Radio-Moderator fort, „der Sender, der Ihnen sagt, in welchen Taschen Ihr Geld landet und wer sich mit wem auf Ihre Kosten amüsiert.“

„Hoffentlich erwischt ihr die nie“, sagt Julian zu Anke, während er sich die Hände an einem Küchenhandtuch abtrocknet. „Solche Sender brauchen wir. Damit den Leuten mal die Augen geöffnet werden.“

„Keine Sorge“, beruhigt Anke ihn. „So ein Piratensender weiß, wie er sich versteckt. Die Ostsee ist groß. Und außerdem“, fügt sie hinzu, während sie ihre Spielfigur die Pariser Straßen entlangspazieren läßt, „hatten wir bisher immer Wichtigeres zu tun.“

„Willst du kaufen?“ fragt Laura mit Blick auf die Avenue des Champs-Elysées, auf denen Ankes Spielfigur nun zum Stehen gekommen ist.

„Champs-Elysées? Na klar!"
„Verdammt", mault Laura. „Meine Lieblingsstraße."

Stadtrat Körner kann von seiner Terrasse aus weit über die Ostsee schauen. Sein leicht hügeliges Grundstück lädt mit geschwungenen Wegen zum Flanieren ein: Ein geschickter Gärtner hat einen üppig bewachsenen, romantischen Park daraus gemacht.
„Englischer Rasen?" fragt sein Freund Jehlen, Vorsitzender des Bürgervereins, der sich hingehockt hat und mit der flachen Hand über die Rasenfläche streicht wie über ein dichtes Fell.
„Details überlasse ich meiner Frau", sagt Körner stolz. „Da mußt du dich schon an sie wenden."
Es ist kühl geworden. Wind streicht durch die lila-weißen Fliederbüsche und betört mit seinem Duft die Nasen der beiden Politiker, die nun, ein wenig fröstelnd, über die Terrasse zurück ins Haus gegangen sind.
Körners Ehefrau Gloria wartet bereits mit dampfendem Kaffee. Eine Sinfonie aus dem Radio komplettiert die anheimelnde Atmosphäre.

„Setz dich", sagt Körner zu seinem Freund. Der folgt seiner Aufforderung, nimmt die Tasse und wirft ein paar Stückchen Würfelzucker hinein.
„Cognac?" fragt Körner.
Doch bevor Jehlen abwinken kann, erfüllt die Stimme von Radio-Moderator Büsing den Raum. „... und jetzt ist die Aufklärung des Rätsels fällig. Wir fragten gestern, wie kommt man zu einer Villa mit 520 Quadratmeter Wohnfläche und einem 3000 Quadratmeter großen Garten für nur 260 000 Mark? ... nicht rausgekriegt? ... ist doch ganz einfach. Durch Beziehungen. Beziehungen wie sie der Stadtrat Körner hat."
Körner schaut verdutzt.
„Dann bekommt man so was aus dem Immobilienbesitz der Gemeinde. Eine Hand wäscht die andere. Und zum Dank kriegt der Kollege Stadtdirektor dann ..."
„Gloria?" ruft Stadtrat Körner nervös. „Gloria!" Aber seine Frau hat sich schon wieder zurückgezogen. Aufgebracht erhebt Körner sich, geht zum Radio und schaltet es aus.
„Nicht schlecht, für 260 000 Mark." Sein Freund grinst. „Wie haste das hingekriegt?"
Körner geht auf nicht auf ihn ein. Sein Gesicht ist vor Zorn rot angelaufen. „Eine Unverschämtheit", stößt er hervor. „Seit Wochen beschmeißt dieser Sender die Stadt mit Dreck, und keiner unternimmt was."

„Solange das Schiff außerhalb der 12-Meilen-Zone liegt, ist schwer gegen ihn vorzugehen“, gibt Jehlen zu bedenken.
„Dann soll er sich mal was einfallen lassen, unser lieber Herr Bürgermeister“, prustet Körner.
Aber Jehlen weiß offenbar mehr. „Der ist doch froh, daß sie nichts über seine Nebenverdienste bringen.“
Körner läßt sich wieder in den Sessel fallen. „Am besten, wir organisieren etwas über deinen Bürgerverein. Wozu bist du der Vorsitzende. Ich verlange nur das Recht, das jedem Bürger zusteht. Ich verlange, daß der Staat mich schützt.“
„Wir sprechen mit der Küstenwache“, schlägt Jehlen vor. „Etwas muß es doch geben, um der Sache ein Ende zu machen.“

„Sie wissen selbst, daß wir da nichts machen können“, winkt Hauptkommissar Gruber ab, als Stadtrat und Bürgervereinsvorsitzender bei ihm in der Dienststelle vorsprechen. „Der Kutter mit dem Piratensender befindet sich außerhalb von deutschem Hoheitsgebiet. Außerdem fährt er unter libanesischer Flagge.“
Kapitän Ehlers, der im selben Raum gerade dabei ist, einen Teebeutel in ein Glas heißes Wasser zu werfen, lacht in sich hinein. Das muß man ihm lassen, diesem Gruber. Er ist kein Schleimer. Wenn Ehlers sich auch zehnmal lieber seinen Freund Weber zurück auf den Dienststellenleiter-Posten wünscht, so ist dieser trockene, humorlose, überkorrekte Gruber immerhin nicht einer von der Sorte, die nach oben duckt.
„Wir haben uns mit der libanesischen Botschaft in Verbindung gesetzt“, wirft Ehlers jetzt ein. „Leider bisher ohne Erfolg.“
Stadtrat Körner springt von seinem Platz auf. „Ich verlange, daß Sie etwas unternehmen“, ruft er. Er stellt sich dicht vor Grubers Schreibtisch und deutet mit dem rechten Zeigefinger auf den Dienststellenleiter. „Wundern Sie sich nicht, wenn die Bürger die Sache bald selbst in die Hand nehmen. So ein Kutter ist schließlich nicht unsinkbar!“ Er reißt seinen Mantel von der Stuhllehne und hastet in Richtung Ausgang. Jehlen folgt ihm, ein wenig überrascht über die heftige Reaktion seines Freundes. Ohne Gruß verlassen die beiden Lokalpolitiker die Dienststelle.
Kopfschüttelnd blickt Ehlers ihnen hinterher.
Der Tee ist noch zu heiß zum Trinken. Mit einem Löffel rührt er in dem hauchdünnen Glas herum. Dieser Piratensender scheint es darauf abgesehen zu haben, einflußreiche Leute fertigzumachen. Na ja, überlegt Ehlers, ist ja auch gut und schön, wenn sie Dreck am Stecken haben. Wie Hellinger zum Beispiel, der ein Bordell am Stadtrand betreibt. Radio Reality hat

herausgefunden, daß er blutjunge Polinnen beschäftigt, illegal. Und Stadtrat Körner soll preisgünstig an sein Haus gekommen sein – nun ja, er bestreitet dies und fühlt sich verunglimpft, wie er eben Hauptkommissar Gruber glaubhaft machen wollte.
„Wir brauchen Ergebnisse!" unterbricht Gruber den Gedankenfluß des Kapitäns mit seiner schneidenden Stimme. „Und zwar rasch." Sicher, denkt Ehlers. Wenn Jehlens Bürgerverein tatsächlich anfangen würde, zur Selbsthilfe zu greifen – nicht auszudenken.
„Wenn wir wenigstens wüßten, wer dieser Klostermayer ist", sagt Gruber. „Er soll den Sender angeblich betreiben." Ehlers fragt sich, ob es diesen Mann überhaupt gibt. Er bläst in den dampfenden Tee und geht zur Tür.
Da ruft Gruber ihn zurück. „Noch etwas", sagt der Dienststellenleiter und blickt den Kapitän der *Albatros* mit zusammengekniffenen Augen an. „Mischen Sie sich nicht in meine Gespräche." Ehlers hebt erstaunt den Kopf. Was das nun wieder soll? Er nickt, kann sich dabei allerdings eines ironischen Lächelns nicht erwehren.
„Für Sie gilt: Überwachung rund um die Uhr!" faßt Gruber die Lage im Befehlston zusammen. Ist schon wahr, denkt Ehlers im Hinausgehen, dieser Mann duckt nicht nach oben. Aber er tritt nach unten.

Wolf Bahlsen wirkt auf den ersten Blick alles andere als angsteinflößend. Trotzdem ist der Mann völlig abgebrüht. Skrupellos.
Was macht ein Mann wie er am hellichten Tag in einer Kirche? Er ist gewiß nicht hier, um den lieben Gott zu treffen. Sondern fünf seiner Männer, denen er Anweisungen gibt. Journalisten, die wegen fingierter Recherchen oder sonstiger fachlicher Ungenauigkeiten von ihren Zeitungen entlassen wurden.
„Klostermayer will Ergebnisse sehen", sagt Bahlsen mit gedämpfter Stimme. „Also, was habt ihr?"
„Die Sache mit den Ebel-Werken nimmt Formen an", meldet sich einer zu Wort. „Bei der letzten Baugenehmigung ist Geld geflossen. Fünfhunderttausend für den zuständigen Beamten in der Bauabteilung."
„Sehr gut. Und sonst?"
Jeder der fünf liefert einen Lagebericht ab. Wolf Bahlsen hat alle im Griff.

Die Ostsee schwappt träge ans Ufer. Vom Strand aus wirkt Stadtrat Körners Haus noch pompöser. Mit dem Bootshäuschen, dem weißgestrichenen Lagerschuppen, der stabilen, kostbaren Umzäunung.
Aber die beiden Männer, die am Strand entlanggehen, beachten all dies heute nicht. Körner muß sich eine Standpauke anhören.

„Wie kannst du eine solche Drohung aussprechen?“ empört sich Jehlen. „Willst du etwa deine Karriere aufs Spiel setzen?“
„Irgend etwas muß passieren“, verteidigt sich der Stadtrat. „Ich habe genug davon, mich mit Dreck bewerfen zu lassen.“
„Gut und schön“, argumentiert sein Freund. „Aber das ist noch lange kein Grund, sich mit so halbseidenen Typen wie Hellinger einzulassen.“
„Tu ich auch nicht“, betont Körner, der stehengeblieben ist, um ein wenig zu verschnaufen. „Wir reden nur miteinander.“
„Ach“, sagt Jehlen ironisch und hält ebenfalls im Gehen inne. „Und Hellinger macht sich für dich die Finger schmutzig?“
„Du sagst es“, flüstert Körner ihm grinsend zu. „Hellinger plant die Aktion. Von den Details habe ich keine Ahnung.“
„Und was hat er vor?“ fragt Jehlen, während er seinen Schlips am Kragen ein wenig lockert.
„Mit einer Haftladung ein Loch in den Kutter sprengen“, flüstert Körner. „In zehn Minuten ist das Ding abgesoffen, sag ich dir.“
Jehlen wird blaß. Aber er versucht sich zu beherrschen. „Wann soll die Aktion denn steigen?“ fragt er den Stadtrat.
„Heute nacht“, antwortet Körner. „Komm, wir heben noch einen.“

Die Nacht ist sternenklar. Eine tiefe Ruhe umgibt die *Albatros*, die fast lautlos durchs Wasser gleitet. In der Messe sitzen Anke Diekmann und Rolf Hohmann und streiten sich um das letzte Wiener Schnitzel.
„Du hattest schon drei“, mault Anke und piekt ihre Gabel in das knusprig panierte Fleisch.
„Ist doch nicht wahr“, sagt Rolf, sticht seine Gabel in das andere Ende des Stückes und erklärt dann grinsend: „Ich hatte schon vier!“
„Vielfraß!“ ruft Anke empört und sieht sich hilfesuchend nach Kalle Schneidewind um, der bereits dabei ist, die Teller der anderen abzuspülen.
„Wie im Kindergarten!“ stößt der Koch mit Blick zum Allmächtigen hervor. Dann befiehlt er streng: „Hohmann, du läßt deiner Kollegin den letzten Bissen. Sonst fällt sie uns noch vom Fleisch, wenn wir den Piratensender ausheben.“
Siegesbewußt streckt Anke ihrem Kollegen die Zunge entgegen, während der brummend seine Gabel aus dem Schnitzel wieder herauszieht.
Den Piratensender ausheben, wie das wohl gehen soll? Irgendwie mag Rolf diese Leute, denn daß ein Typ wie Hellinger ungestraft am laufenden Band minderjährige Mädchen aus Polen holen und wie eine Ware in seinem Bordell verschwinden lassen kann, das gefällt ihm überhaupt nicht.
„Schade“, bedauert Anke kauend. „Ich find, die haben immer so tolle Musik

auf Radio Reality. Bei uns in der WG läuft der Sender ständig.“ Sie greift zum Messer und säbelt vom Fleisch ein Eckstück ab. „Da!“ sagt sie zu Rolf, der jeden ihrer Bissen verfolgt hat, und schiebt das Eckchen auf dessen leeren Teller. „Damit du nicht verhungerst!“

„Ihr Halbgebildeten“, mokiert sich Kalle von der Kombüse her. „Glaubt ihr wirklich, Radio Reality ist so eine Art Robin Hood?“ Anke und Rolf halten mit dem Kauen inne und nicken mit den Köpfen.

„Da muß ich euch aber mal reinen Wein einschenken“, fährt Schneidewind fort. „Aufklärung, gut und schön, aber Erpressung – nein danke, kann ich da nur sagen.“ Und Kalle berichtet seinen beiden erstaunten Kollegen die Wahrheit über ihren Lieblingssender: Daß dessen Chef, jener Klostermayer, seine Recherchen nicht zum Wohle der Menschheit an die Öffentlichkeit bringe, sondern, im Gegenteil, zu seinem eigenen Vorteil: Er erpresse von jenen Leuten hübsche Sümmchen – und erst, wenn sie nicht zahlten, setze er die Öffentlichkeit in Kenntnis. „Zahlen sie, geht keine Information über den Sender“, sagt er mit Nachdruck. „Habt ihr nicht gehört, was mit dem Chirurgen Dr. Krüger passiert ist? Radio Reality hat ihn beschuldigt, gebrauchte Herzklappen bei den Kassen zum Neupreis abgerechnet zu haben. Die Summe, um die sie ihn erpreßt haben, hat er nicht zahlen können.

Zwei Wochen später hat er sich umgebracht. Erst danach hat sich herausgestellt, daß sein Kompagnon dieses schmutzige Geschäft betrieben hat."
Anke und Rolf sind sprachlos.
In diesem Augenblick werden die beiden zur Brücke gerufen. Kapitän Ehlers weiht alle in den neuen Auftrag der *Albatros* ein. „Es geht um Minuten", sagt er. „ Jemand will den Piratensender samt Schiff in die Luft sprengen."
„Wer?" fragt Anke müde. Das Schnitzel liegt ihr schwer im Magen. Hätte sie es doch nur Hohmann überlassen. Ehlers zuckt mit den Schultern.
„Von jemandem, der erpreßt worden ist und nicht zahlen will, was?" vermutet Rolf.
Kapitän Ehlers nickt. „Wir wissen es von Jehlen, dem Vorsitzenden des Bürgenvereins. Er hat keinen Namen nennen wollen."
„Merkwürdig." Anke kratzt sich am Kopf.
Britta Larsen meldet, daß das Radar ein schwimmendes Objekt erfaßt hat. Ehlers richtet sein Nachtsichtgerät in die angegebene Richtung. Tatsächlich. Schemenhaft kann er die Umrisse eines Schlauchbootes ausmachen. Sofort ordnet er an, alle Lichter der *Albatros* abzuschalten. Lautlos und wie unsichtbar schleicht sich die Küstenwache an das Schlauchboot heran. „Licht an auf Kommando", befiehlt Kapitän Ehlers.

Im Schlauchboot sitzen Hellingers Leute. Der Bordellbesitzer schreckt nicht davor zurück, seine Männer morden zu lassen. Nur wenige hundert Meter sind sie noch von dem Boot des Piratensenders entfernt. Plötzlich flammt vor ihnen ein greller Scheinwerfer auf. „Hier spricht die Küstenwache!" kommt es aus einem Lautsprecher. Kapitän Ehlers fordert die Männer auf, sofort anzuhalten. „Wir kommen längsseits!" kündigt er an.
„Weg mit der Sprengladung!" ruft einer der Leute, und platsch! landet die Tasche mit der Haftmine, die für den Kutter des Piratensenders bestimmt war, im Wasser. Aber Kapitän Ehlers' Adleraugen entgeht nichts.

Bordellbesitzer Hellinger gibt nicht auf. Er hat schon einen neuen Plan. „Wieder eine Haftladung?" fragt einer seiner engsten Mitarbeiter. „Diesmal nicht." Hellinger grinst zufrieden. „Ich hab ein bißchen in den Seekarten gestöbert. Die Strömung läuft genau gegen den Strand."
„Verstehe", sagt der Mann und zwinkert seinem Boß anerkennend zu.

Die *Albatros* patrouilliert an der Zwölf-Meilen-Grenze. Plötzlich, ein dumpfer Donnerschlag. Eine Rauchsäule steigt zum Himmel, genau da, wo der Kutter von Radio Reality vor Anker liegt. Mit voller Fahrt steuert die *Albatros* auf die Rauchsäule zu. Aber der Kutter ist nicht gesunken. Die Sprengung hat die Steuerung getroffen. Das Schiff treibt genau auf den Strand zu.
„Wir schaffen das schon. Hauen Sie ab!" ruft Bahlsen dem Küstenwachschiff zu. „Außerhalb der zwölf Meilen haben Sie gar nichts zu suchen!"
Aber Kapitän Ehlers schmunzelt siegessicher. Er weiß, daß der Kutter schon längst vier Seemeilen in Richtung Strand getrieben ist. „Wir nehmen Sie ins Schlepptau!" ruft er dem Radiopiraten zu.

Und dann stehen sich Britta Larsen und Bahlsen an Bord der *Albatros* gegenüber. Bahlsen trägt eine selbstsichere Miene zur Schau.
„Herr Bahlsen", fragt Britta, „wo ist Klostermayer?"
„Kenne ich nicht", ist die Antwort. „Und ich denke nicht daran, weiter mit Ihnen zu sprechen, bevor ich nicht meinen Anwalt sprechen kann."
Im Nebenraum hat sich Kapitän Ehlers den Sprecher des Piratensenders vorgenommen, Werner Büsing. „Da kommt einiges auf Sie zu", sagt er. „Erpressung, Nötigung, grenzüberschreitender Verkehr von Funkwellen. Das reicht für einige Jahre Knast."
Büsing wird bleich. „Ich hab nur vorgelesen, was Bahlsen mir gegeben hat", stammelt er. „Und der hat Anweisung von Klostermayer."
„Klostermayer?" fragt Ehlers zurück. „Gibt's den überhaupt?" Er erhebt sich von der Holzbank und geht in dem kleinen Raum hin und her. „Wie auch immer", sagt er dann. „Sie können jetzt die Suppe auslöffeln, die Ihnen dieses Phantom eingebrockt hat."
„Bahlsen kennt Klostermayer", ruft Büsing, der langsam kalte Füße bekommt. „Und ich hab ihn auch einmal gesehen."
„Sie kennen Klostermayer?"
Büsing nickt, greift nach seiner Mappe, holt ein Foto heraus und reicht es Kapitän Ehlers.
„Das kann doch wohl nicht wahr sein", ruft Ehlers, als er das Bild betrachtet. Mehr sagt er nicht. Es hat ihm die Sprache verschlagen.

Stadtrat Körner und Jehlen vom Bürgerverein erwarten die *Albatros* bereits am Hafen, um Kapitän Ehlers zu beglückwünschen. Die Nachricht, daß Radio Reality das Handwerk gelegt worden ist, hat sich wie ein Lauffeuer verbreitet. Uniformierte Polizisten warten am Kai, um die verhafteten Erpresser in Gewahrsam zu nehmen.

Hauptkommissar Gruber möchte sich den Erfolg am liebsten ganz auf seine Fahnen schreiben. „Was habe ich Ihnen gesagt, meine Herren", brüstet er sich vor den beiden Kommunalpolitikern.
Jehlen wendet sich Ehlers zu. „Das haben Sie ausgezeichnet gemacht", sagt er in überschwenglichem Tonfall. „Die ganze Stadt ist Ihnen dafür dankbar."
„Wirklich die ganze Stadt?" fragt Ehlers zurück.
Jehlen ist verwundert. „Wie meinen Sie das?" Gruber wirft Ehlers einen finsteren Blick zu. Wie kann der Kapitän einen der wichtigen Leute der Stadt so von oben herab behandeln! Aber da spricht Ehlers schon weiter: „Ich würde mich wundern", sagt er ruhig, „wenn Sie darüber glücklich wären, daß wir Ihr Schiff und Ihre Männer in Gewahrsam genommen haben, Herr Jehlen. Oder soll ich lieber Herr Klostermayer sagen?"
Gruber fällt die Kinnlade herunter. Und Jehlen schnappt nach Luft. „Verleumdung!" stößt er hervor. Aber Kapitän Ehlers präsentiert das Foto. „Ihre Männer haben ausgepackt", verrät er und gibt dann zwei Polizeibeamten, die die Erpresser in einen Dienstwagen gepfercht haben, ein Zeichen. „Der muß auch noch mit." Die Beamten führen den verdutzten Jehlen ab.
Gruber ist immer noch sprachlos. Aber er reicht Ehlers die Hand. Und nickt dabei anerkennend mit dem Kopf.

Als Anke spätnachts nach Hause kommt, brennt im Wohnzimmer noch Licht. Laura sitzt am Tisch, über das Monopoly-Spiel gebeugt, und zählt beflissen ihr Papiergeld. Julian, offensichtlich erschöpft, ist am Tisch eingeschlafen.

„Endlich kommst du“ , flüstert Laura erleichtert und deutet auf den Schlafenden. „Du mußt für ihn einspringen.“
Anke nimmt die Würfel und läßt sie über das Spielbrett rollen. „Sieben“, sagt Laura. Anke läßt ihre Spielfigur von Straße zu Straße springen. „Gehen Sie in das Gefängnis“, heißt es auf dem siebten Feld.
„Wie ungerecht“, murmelt die Bootsfrau der *Albatros*, erschöpft von dem anstrengenden Arbeitstag. „Dabei hab ich den Piratensender doch nur gern gehört, mehr nicht.“

Blinder Passagier

Niemand an Bord des Frachters Christine freut sich wohl mehr auf zu Hause als Leo Wagner. Immer wieder betrachtet er das Foto seiner jungen Frau, das er in seiner Kabine an die Holzdecke der Schlafkoje geklebt hat. Gesine ist im siebenten Monat schwanger.
Die Christine hat eine lange Reise hinter sich. Der Frachter hat Holz aus Afrika geladen. Aber nun ist es nicht mehr weit bis Lübeck.
Das Schiff birgt ein grausiges Geheimnis. Sein Kapitän geht über Leichen, im wahrsten Sinne des Wortes. Leo Wagner kann es bezeugen. Und er wird es bezeugen, das hat er unmißverständlich klargemacht. Und deswegen ist Leo Wagner an Bord der Christine in Lebensgefahr.
Ruhig gleitet der Frachter über die Ostsee. Was war geschehen? Plötzlich war da diese Zitrone im Maschinenraum. Sie kullerte über den Boden und schreckte den Maschinisten auf, der gerade dabei war, einen Maschinenschaden zu beheben. Ratten an Bord? Klar! Aber eine Zitrone? Sie fanden den jungen Afrikaner in eine Ecke gedrängt. Er zitterte am ganzen Körper. „I am a good man“, stammelte er immer wieder. Ein blinder Passagier.

Was bedeutet ein blinder Passagier an Bord eines Schiffes? Kapitän Holgers hatte die Augen zusammengekniffen. „Wenn wir den Bimbo mitnehmen", hatte er der Mannschaft vorgerechnet, „zieht uns das die Reederei von der Heuer ab. Verpflegung, Unterkunft, Flug nach Hause." Der Kapitän brauchte nichts weiter zu sagen. Die Seeleute packten den Afrikaner, schleiften ihn an Deck und warfen ihn über Bord. Einfach so.
Seitdem kann Leo Wagner nicht mehr schlafen. Er hatte seinen Freund Carl Claasen zur Rede gestellt, aber auch der war ihm in den Rücken gefallen, wie die anderen. Sie drohten ihm. Wagner weiß: Zeigt er die Leute an, die den Afrikaner ins Meer geschmissen haben, ist er ein toter Mann.
Leo streicht die Reeling. Blaue Ölfarbe. Er ist froh, allein sein zu können. Plötzlich hört er Schritte. Leo braucht sich gar nicht umzusehen, um zu wissen, daß das der Bootsmann Willi Albers ist.
„Immer schön gleichmäßig", sagt Albers. „Und mach nicht so viele Nasen rein." Er nimmt Leo den Pinsel aus der Hand und malt ihm einen dicken blauen Strich über den Mund. „Und halt vor allem die Klappe", zischt er.

Willi Albers schikaniert Leo, wo er nur kann. Aber jetzt reicht es. Leo springt dem Bootsmann hinterher und packt ihn. Wie besinnungslos schlägt er auf ihn ein. Albers geht zu Boden. Aber der Fünfzigjährige mit der Konstitution eines Dreißigjährigen ist Leo körperlich überlegen. Er rappelt sich auf und drückt Leo gegen die Reling. In seinen Augen lodert tödlicher Haß. Leo begreift, was der Bootsmann vorhat. Er wehrt sich verzweifelt, doch Albers hat ihn schon hochgehoben. Im nächsten Moment fällt Leo schreiend über Bord.
Verwirrt sieht Albers die anderen Seeleute an, die die Schlägerei an Deck gelockt hat. „Es war Notwehr", brüllt er. „Ihr habt es alle gesehen!" Niemand widerspricht.

Funker Rolf Hohmann von der Küstenwache ist stolz. Er ist zum Paten auserwählt worden. Rita Friesen, die noch vor kurzem zur Besatzung der *Albatros* gehörte, hat ein Baby bekommen. Es soll mit zweitem Namen Rolf heißen. Die Küstenwache ist doch wie eine große Familie, denkt der Funker, als er in seinen besten Anzug steigt. In einer guten Stunde wird Pastor Rieken den kleinen Tobias Rolf taufen, und Rolf wird ihn in den Armen halten. Pastor Rieken hat sich in der Gemeinde nicht nur Freunde gemacht. Einige nehmen es ihm übel, daß er Asylbewerber in seiner Kirche aufnimmt, um sie

vor der Abschiebung zu bewahren. Die meisten Gemeindemitglieder aber schätzen das große soziale Engagement des Pastors.
Rita Friesen und ihr Mann Ojo warten schon mit dem Baby, als Rolf an der alten friesischen Dorfkirche ankommt. Ojo ist Arzt. Seit einem halben Jahr hilft der Mann aus Tansania bei der medizinischen Versorgung der Asylanten. Rolfs Patenkind hat dunkle Haut und tiefschwarzes, dichtgekräuseltes Haar. Es sieht richtig knuddelig aus, denkt sein stolzer Pate, als sie das Gotteshaus betreten.

Nach dem Taufgottesdienst geht eine junge afrikanische Frau auf den Pastor zu. Es ist eine der Asylantinnen, die er bei sich beherbergt. Sie ist aufgeregt. Ihr Bruder hat sich angesagt. Er soll mit einem Frachter namens Christine im Lübecker Hafen ankommen. Sie hat die Nachricht aus der Heimat gerade erhalten.
Die ganze Crew erscheint, um auf das Baby anzustoßen. Britta nimmt ihre Kollegin und Freundin fest in den Arm. Pastor Rieken entschuldigt sich: Er will mal schnell zum Hafen, um nach der Christine zu sehen. Vielleicht ist das Schiff ja schon angekommen. „Der Mann kommt als Blinder Passagier“, raunt er Rolf zu, „da wird er mich sicher brauchen, wenn er von Bord gehen will.“
Aber auch die Crew der *Albatros* muß zurück auf ihr Schiff zum Dienst.

Schweren Herzens, denn Kapitän Ehlers wird diese Woche von Polizeihauptkommissar Gruber vertreten. Ausgerechnet Gruber, der seine Nase immer in alles stecken muß.

Gesine Wagner hat ihr neues Kleid angezogen. Sie ist voller Vorfreude: Gleich wird sie ihren Mann Leo wieder in die Arme schließen. Und dann wird Leo ihr über den Bauch streichen und anerkennend sagen: „Jetzt sieht man wenigstens mal etwas!"
Die Christine ist gerade im Hafen eingelaufen. Dicke, lange Holzstämme werden von großen Kränen aus dem Inneren des Frachters gehievt. Gesine eilt die Gangway zum Schiff hinauf. Sie hat eine langstielige Rose in der Hand, wie immer, wenn sie ihren Mann im Heimathafen von seinen Fahrten abholt.
Kapitän Holgers ist der erste, dem sie begegnet. Der Mann scheint sich seit Tagen nicht rasiert zu haben. Ihr fällt auf, daß sein Blick etwas Stechendes hat, als sie nach ihrem Mann fragt. Der sei in Brest von Bord gegangen, behauptet der Kapitän. Er habe dort abgemustert. Mehr könne er ihr nicht sagen. Bootsmann Albers steht hinter dem Kapitän und fixiert die Ehefrau des Mannes, den er über Bord geworfen hat.

Mit weichen Knien verläßt die Schwangere das Frachtschiff. Sie kann nicht glauben, daß Leo in Frankreich abgemustert haben soll. Alles vor ihr verschwimmt. In diesem Augenblick kommt ihr Pastor Rieken entgegen. Er stürzt auf die junge Frau zu und stützt sie.
„Danke", flüstert Gesine. Sie kann nicht umhin, dem Pastor alles zu erzählen. Ihr kommt die Sache verdächtig vor, sie will zur Polizei. Auch Pastor Rieken muß das Schiff wieder erfolglos verlassen – der Afrikaner, der mit der Christine nach Deutschland kommen wollte, befindet sich nicht auf dem Frachter. Kapitän Holgers will von dem Mann nichts gehört haben.

„Küstenwache für Segelyacht *Godewind*, bitte kommen", meldet sich eine Stimme über das Funkgerät der *Albatros*. Rolf Hohmann nimmt den Hörer ab. „Wir haben einen Mann aus dem Meer gefischt", teilt die *Godewind* mit. „Er ist nicht ansprechbar. Kommen Sie sofort."
Die *Albatros* durchpflügt die Ostsee in voller Fahrt. Kurze Zeit später hat die Küstenwache das Segelschiff erreicht. Britta Larsen und Kalle Schneidewind sind ins Boot geklettert und beugen sich über den Geretteten. Der liegt ohne Bewußtsein an Deck; man hat ihn mit mehreren Wolldecken zugedeckt. Sein Puls ist schwach. Er trägt eine Hose, aber in den Taschen findet Schneidewind keine Papiere, die Hinweise auf die Identität des Mannes geben könnten. Eins fällt auf: Sein Gesicht ist mit blauer Ölfarbe bemalt. „Vermutlich bei Malerarbeiten von der Bordwand abgerutscht", kombiniert Britta Larsen. „Die werden ihn hoffentlich bald vermissen und Meldung machen." Vorsichtig wird der Mann an Bord der *Albatros* gehievt, und mit voller Kraft steuert das Schiff den Lübecker Hafen an.

Der nächste Tag ist ein Sonnentag. Glücklich schiebt Rita Friesen den Kinderwagen mit ihrem frischgetauften Tobias Rolf am Hafen entlang. Da trifft sie auf ihre Kollegin und Freundin Britta, die gerade aus dem Auto steigt.
Britta kommt aus dem Krankenhaus, wo sie versucht hat, den jungen Mann zu vernehmen. Aber der Mann ist noch nicht in der Lage, mit irgend jemandem zu sprechen. Nur gelegentlich entfahren ihm Worte wie „Nicht über Bord" und „Das ist Mord", die eine der Schwestern gehört haben will. Für Britta besteht kein Zweifel: Der Mann wurde Opfer einer Gewalttat. Bisher hat ihn niemand vermißt. Aber jetzt hat sich eine junge Frau bei der Polizei gemeldet. Sie vermißt ihren Ehemann Leo Wagner. Zuletzt Seemann an Bord der *Christine*.
„Merkwürdiges Schiff, diese *Christine*", sagt Rita, als Britta ihr die neuesten Informationen, natürlich unter dem Siegel der Verschwiegenheit,

ausgeplaudert hat. „Zwei Leute werden vermißt. Ein Afrikaner, der blinder Passagier gewesen sein muß – und ein ganz normaler Seemann.“
„Wir werden bald mehr wissen“, sagt Britta. Sie gibt dem Baby einen kleinen Kuß auf die Stirn. „In einer Stunde werden wir der jungen Frau den Bewußtlosen zeigen. Vielleicht ist es ja ihr Mann. Aber wenn, dann ahne ich Schlimmes. Dann wird man auf der *Christine* versucht haben, ihn umzubringen.“
Erschrocken umklammert Rita ihren Sohn. „Was wird man mit dem Bruder der Afrikanerin gemacht haben“, überlegt sie leise, „wenn er auf dem Schiff vorzeitig entdeckt wurde?“
Britta zuckt nur mit den Schultern.

Gesine Wagner kann nur nicken. Tränen ersticken ihre Worte, als sie durch die Glasscheibe einen Blick ins Innere der Intensivstation wirft. Ja, der Mensch der dort liegt, angeschlossen an Schläuche und Apparate, der daliegt wie ein Toter, dieser Mensch ist ihr Mann Leo. Fürsorglich stützt Britta die Schwangere am Arm.

Kurz darauf fährt Britta zusammen mit Kalle Schneidewind, Wolfgang Unterbauer und Anke Diekmann im Dienstwagen bei der *Christine* vor. Entschlossen steigen die vier von der *Albatros* auf das Schiff. Auf diesem Frachter ist was faul, daran zweifelt keiner mehr von der Küstenwache. Kapitän Holgers ist Britta auf Anhieb unsympathisch. Verschlagen blickt er der jungen Polizeioffizierin ins Gesicht. „Was wissen Sie über Leo Wagner?“ fragt sie den schmuddelig wirkenden Kapitän.

„Er war auf meinem Schiff“, erklärt dieser ruhig. „Aber er hat in Brest abgemustert. Hat sich nicht so gut verstanden mit einigen aus der Mannschaft. So was soll vorkommen. Sehen Sie hier ...“ Er kramt ein Buch hervor. „Ich habe alles genau aufgeschrieben.“
Hinter dem Kapitän taucht Carl Claasen auf. Er sieht bleich und abgekämpft aus.

„Und wie erklären Sie sich, daß wir ihn aus der Ostsee gefischt haben?“ fragt Britta jetzt. Ihre Augen blitzen triumphierend.
Da bricht es aus Carl Claasen heraus. „Wie geht es ihm? Lebt er?“ fragt er beunruhigt. Aber er bekommt keine Anwort von den Leuten der Küstenwache, nur einen bösen Blick von seinem Kapitän.
„Er hat in Brest wohl auf einem anderen Frachter angeheuert“, versucht Holgers sich herauszureden.
Britta glaubt ihm kein Wort. „Sie haben sicher nichts dagegen, wenn wir uns auf Ihrem Schiff ein wenig umsehen“, sagt sie.
Natürlich hat Holgers etwas dagegen. Aber er weiß, daß er die Küstenpolizei nicht davon abhalten kann. Und wenn schon. Er ist sich seiner Sache ganz sicher. Wagners Habseligkeiten wurden alle über Bord geworfen.

Fast alle. Denn in Wagners Koje finden Britta und Anke das Foto seiner Ehefrau Gesine, das er an die Holzdecke seiner Schlafkoje geheftet hatte. Holgers und seine Komplizen müssen es übersehen haben. Wieso sollte ein Mann abmustern, denkt Britta, und das Foto seiner geliebten Frau zurücklassen?

Aber sonst finden die Leute der *Albatros* nichts Ungewöhnliches auf dem Frachter. Sämtliche Spuren scheinen wie weggewischt. Kapitän Holgers ahnt, daß Leo Wagner noch lebt.

„Hat er der Polizei von der Sache mit dem Bimbo erzählt, was meint ihr?“ fragt Albers, als die Seeleute wieder unter sich sind. Holgers glaubt es nicht. Sonst hätte man sie schon alle festgenommen. Doch eins hat der Kapitän aus der Sache gelernt. „Wagner muß weg. Sonst sind wir alle erledigt.“

Carl Claasen blickt von einem zum anderen. Soll das Morden auf der *Christine* immer so weitergehen? Ist der Kapitän denn völlig übergeschnappt? Schlimm genug, daß er, Carl, Leo als Freund verloren hatte. Schlimm genug, daß er eine Zeitlang sogar glauben mußte, er sei tot. Wie froh und erleichtert er dagegen war, als er von dem Wunder erfuhr. Ja, daß Leo Walter aus der Ostsee gefischt wurde, das grenzt an ein Wunder! Claasen baut sich vor dem Kapitän und Albers auf. Er nimmt all seinen Mut zusammen.

„Da mache ich nicht mit!“ ruft er fest. „Mir reicht's. Ich mustere ab.“ Und während er bemerkt, daß der Kapitän und Albers sich vielsagend ansehen, fährt er fort: „Macht, was ihr wollt. Aber ohne mich.“

Claasen dreht sich um und steuert dem Ausgang zu. Er will die Brücke verlassen, will das Schiff verlassen, will alles, alles hinter sich lassen. Aber Albers stellt sich ihm in den Weg. „Laß mich hier raus“, sagt Claasen. Im selben Moment spürt er einen harten Schlag auf seinen Hinterkopf. Er verliert das Bewußtsein. Kapitän Holgers hat ihm von hinten mit dem Feldstecher auf den Kopf geschlagen.

Als er erwacht, brummt ihm der Schädel. Was ist das für ein Raum, in dem er sich befindet? Was haben Holgers und Albers mit ihm vor? Diese Frage kann sich der Seemann schnell beantworten. Sobald die *Christine* den Hafen wieder verlassen hat, werden sie ihn in die Ostsee werfen. Aber erst werden sie Leo für immer zum Schweigen bringen.

Claasen verfällt nicht in Panik. Er kennt das Schiff wie seine Westentasche, weiß, daß sich in einer versteckten Ecke dieses Raumes Werkzeug befindet. Unter einem Gewühl von in sich verschlungenen Tauen klaubt er einen Schraubenschlüssel hervor. Sofort macht er sich damit an der schweren Eisentür zu schaffen. Die Scharniere quietschen, aber die Tür gibt nicht nach. Claasen bricht der Schweiß aus. Noch ein Versuch. Endlich! Claasen ist frei. Jetzt gilt es, die Polizei zu warnen, bevor es zu spät ist.

Es ist dunkel geworden. Im Krankenhaus ist Ruhe eingekehrt, auch die letzten Besucher haben das Haus verlassen. Aber durch den Hintereingang schleichen zwei Gestalten in das Gebäude. Und diese Besucher haben alles andere im Sinn als einen normalen Krankenbesuch. Es sind Kapitän Holgers und Willi Albers, die Leo Wagner ein für allemal aus dem Weg schaffen wollen. Ein Mord mehr oder weniger scheint für sie keine Rolle mehr zu spielen.
Die Intensivstation liegt im rückwärtigen Gebäude. Es ist kein Problem, in den Raum zu gelangen, in dem Leo Wagner im Tiefschlaf an den Apparaten hängt. Alles muß sehr schnell gehen. Wahllos drehen die Seeleute an irgendwelchen Knöpfen, reißen Stecker heraus.
„Das müßte genügen“, sagt Holgers.
Plötzlich geht das Licht an. Starr vor Schreck bleiben die beiden stehen, als die Bettdecke wegfliegt und sie in die Mündung eines Revolvers schauen. Nein, das hier ist nicht Leo Wagner!
„Herr Wagner läßt sich entschuldigen“, meint Rolf Hohmann lächelnd. Den Satz aus einem amerikanischen Western hat er schon immer mal anwenden wollen. Es fehlte nur die Gelegenheit.
Jetzt stürmen Britta Larsen, Schneidewind und andere Leute der Küstenwache in den Raum.
„Sie sind festgenommen!“ ruft Britta. „Wegen Mordes und Mordversuchs.“
„Das müssen Sie mir erst beweisen“, stammelt der Kapitän. Aber er weiß, daß es kein Entkommen mehr gibt.
„Wir haben Zeugen“, kontert Britta. „Leo Wagner ist heute aus dem Koma erwacht. Und ein Carl Claasen hat uns gesagt, was er weiß. Sie haben das Leben eines jungen Afrikaners auf dem Gewissen.“
Während die Verbrecher abgeführt werden, werfen sie sich überraschte Blicke zu. Daß Claasen je aus der Kammer würde entkommen können, will ihnen nicht in den Kopf.
Nebenan sitzt Carl Claasen am Bett seines Freundes Leo. Auf der gegenüberliegenden Seite hält Gesine die Hände ihres Mannes fest, so fest, als wolle sie sie nie wieder loslassen. Carls Gesicht ist tränennaß. Er schämt sich für sein feiges Verhalten. Aber Leo hat ihm verziehen.
Britta und die anderen der Küstenwache-Crew verabschieden sich. Ihr Chef Gruber ist zufrieden mit ihnen. Aber sie haben noch einen schweren Gang vor sich, zu Pastor Rieken ins Gemeindehaus. Sie müssen der jungen Afrikanerin mitteilen, daß sie ihren Bruder nie wiedersehen wird.

Promille am Ruder

Immer wenn er traurig war, fand er am Wasser Zuflucht. Das war für Ralf Tischler schon so, als er noch ein kleiner Junge war. Er konnte stundenlang am Strand sitzen und zuschauen, wie die Wellen träge ans Ufer rollten. Manchmal liefen ihm die Tränen herunter. Dann kam es ihm vor, als vermischten sie sich direkt mit der unendlichen Weite des Meeres. Die See tröstete ihn. Bis heute. Auch heute hat er ihren Trost wieder bitter nötig. Nach einem kurzen Treffen im Ostsee-Café hat Sylvia ihm mitgeteilt, daß es endgültig vorbei sei. Sie werde nicht wieder zu ihm zurückkehren. Sylvia, mit der er mehr als zehn Jahre verheiratet war.

Es hat ihm nicht genügt, nur am Strand zu sitzen und zu weinen. Die Verzweiflung hat ihn zum Motorboot getrieben, er muß etwas tun, reagieren, sich abreagieren, hinausfahren, wegfahren, weit weg, bis zum Horizont. Und dabei muß er hinausstarren, auf das Wasser, das nie die gleiche Farbe hat, aber das – so hat er schon vor langem festgestellt – immer genau die Farbe seines Seelenzustands anzunehmen pflegt. Heute ist die Ostsee schwarz-grau.

Er hat vergessen, wie lange er schon unterwegs ist. In mittlerem Tempo durchpflügt das Boot die schwachen Wellen. Ein ruhiger Tag. Wohin will er fahren? Was ist sein Ziel? Vergangenheit und Zukunft scheinen hinter dichten Nebelwänden verborgen. Es gibt weder vor noch zurück für Ralf. Seine Gedanken haben ausgedacht. Sein Kopf ist leer. Kein Ausweg ist ihm in den Sinn gekommen.

Daher die Flasche. Wenn er sie gegen das Licht hält, erscheint ihm ihr Inhalt wie flüssiges Gold. Als berge die Flasche einen Schatz, den es nur gilt, herauszuholen. Herauszutrinken. Ralf hat vom Irischen Whiskey mehr als genug getrunken. Das Motorengeräusch seines Bootes macht ihn schläfrig. Er spürt eine wohlige Gleichgültigkeit sein zermartertes Hirn umfangen. Nur schlafen, schlafen. Nicht mehr nachdenken. Nicht mehr traurig sein.

Plötzlich ein Krachen. Ralf Tischler wird in seinem Boot herumgewirbelt. Was ist passiert? Er rappelt sich hoch. Unmittelbar neben ihm liegt ein Segelboot im Wasser – gekentert. Er muß es gerammt haben.

Schreie. Eine Frau ruft um Hilfe. Nach Luft schnappend tauchen andere Menschen aus dem Wasser auf. Ralf versucht sich zu besinnen. Wo ist er? Ihm versagen die Beine. Er reicht einem der Verunglückten die Hand, aber sie rutscht ab. Ralf hat sich nicht mehr im Griff. Aber da ist ja noch das Funktelefon. Er wählt den Notruf, so weit reicht seine Konzentration noch.

„Ich hänge fest!" ruft die Frau verzweifelt. Einer der Männer versucht, sie zu befreien. Sie scheint sich mit dem Fuß in der Vorschot verheddert zu haben. Immer wieder taucht sie unter, kommt wieder prustend hoch und schnappt nach Luft. Ihr Blick verrät Todesangst.

Als Kapitän Ehlers mit der *Albatros* die Unglücksstelle erreicht hat, staunt er nicht schlecht. Der Bootsführer, der wie ein Häufchen Elend in seinem Fahrzeug hockt, ist kein anderer als sein Schulfreund Ralf Tischler. Gemeinsam hatten sie die Grundschulbank gedrückt, und später hatte sich Tischler nicht weit von Ehlers erster Wohnung in ein kleines Reihenhäuschen eingemietet. So waren sie über Jahre hinweg Nachbarn gewesen.
Anke Diekmann springt kopfüber ins Wasser – aber nicht ohne sich vorher ihrer Uniform entledigt zu haben. Sie ist eine ausgezeichnete Taucherin, und Ehlers kann sicher sein, daß sie die verzweifelte Seglerin rasch befreien wird. So ist es auch, und als die vier Segler und Ralf Tischler an Bord der *Albatros* gekommen sind, gibt Rolf seiner Kollegin Anke ein Handzeichen, aus dem respektvolle Anerkennung zu lesen ist. Anke errötet. Sie freut sich über das Kompliment. Aber seit sie vor vierzehn Tagen ihren Freund Klaas geheiratet

hat, ist sie ein wenig unsicher im Umgang mit Rolf. Er ist der Kollege, mit dem sie bisher am unbefangensten streiten, am verrücktesten herumalbern und am heftigsten flirten konnte ...
„Was hast du für eine Erklärung für den Unfall?“ fragt Kapitän Ehlers seinen Freund in der Messe. Der sucht nach Worten. „Das Boot tauchte plötzlich wie aus dem Nichts vor mir auf ...“, versucht er sich zu erklären.
„Wir haben klare Sicht“, entgegnet Ehlers. „Du willst mir doch nicht erzählen, daß du die Yacht nicht gesehen hast?“
Tischler sieht zu Boden. Ihm ist der bohrende Blick seines Schulfreundes mehr als unangenehm. „Der Motor machte so ein komisches Geräusch“, sagt er. „Da habe ich nachgeguckt und einen Moment nicht nach vorne gesehen.“
Bibbernd und in Decken gehüllt, sitzen die Segler ihm gegenüber.
„Komm mal bitte mit, Ralf“, sagt der Kapitän zu dem Motorbootfahrer. Er führt ihn in die Kapitänskammer und schließt hinter sich die Tür. „Also“, sagt er, „was ist wirklich passiert?“
„Ich habe dir doch schon gesagt, der Motor stotterte ...“ versucht Tischler es von neuem.
Ehlers unterbricht ihn. „Erzähl mir nichts. Du bist doch total betrunken.“
„Wie kommst du denn darauf?“ fragt Tischler entrüstet.
„Deine Fahne stinkt drei Meilen gegen den Wind“, sagt Ehlers. „Ich will jetzt die Wahrheit wissen.“

Tischler spürt, daß er zugeben muß, getrunken zu haben und eingenickt zu sein. Man wird ihm die Lizenz für seine Segeltörns mit Touristen wegnehmen. „Es tut mir leid", gibt er nach seinem Geständnis ehrlich zu. „Ich werde für den Schaden aufkommen."
„Trotzdem muß ich den Unfall melden", sagt Ehlers. Warum muß ihn ausgerechnet sein Schulfreund in diese mißliche Lage bringen!
Der macht einen Vorstoß. „Kannst du das mit dem Alkohol nicht unter den Tisch fallen lassen?" Verliert er die Lizenz, so spürt er, kann er sich gleich die Kugel geben.
Ehlers geht in dem kleinen Raum auf und ab. „Ich hab auch 'ne Trennung hinter mir", sagt er. „Aber deswegen kann man sich doch nicht so hängen lassen." Ralf Tischler blickt seinen Schulfreund eindringlich an und ergreift seinen Arm. „Gib mir noch eine Chance, Holger", bittet er. „Wenn du jetzt ein Auge zudrückst, verspreche ich dir, daß ich die Finger vom Schnaps lasse." Er hebt seine Rechte zum Schwur.

„Ich kann's nicht verwinden, daß du verheiratet bist", mault Rolf Hohmann in der Messe, während er mit dem Löffel in seinem Eintopf nach Würstchenstücken sucht. Anke, die ihm gegenüber sitzt, lächelt nur und konzentriert sich auf ihr Mittagessen. „Ich meine, wir können nie wieder albern miteinander sein", bohrt Rolf weiter. „Das ist ein echter Verlust für mich."
Es ist ein ruhiger Tag auf See. Keine besonderen Vorkommnisse, keine Dramen. Die Crew langweilt sich. Ideal für den Funker, die Bootsfrau zu necken.
„Hör auf damit", bittet Anke, die mit Rolfs Äußerungen nicht umgehen kann. Sie muß sich ja selbst erst daran gewöhnen, auf einmal Ehefrau zu sein. Das kam nämlich ganz plötzlich. So plötzlich, daß auch Laura und Julian, ihre beiden WG-Mitglieder und engen Vertrauten, überrascht mit den Köpfen schüttelten. „Und wer spielt jetzt mit mir Monopoly?" war das erste, was Laura von sich gab. Sie sei doch nicht aus der Welt, verdammt noch mal, hatte Anke protestiert. Mit ihrem frischgebackenen Ehemann Klaas bewohnt sie nun eine Dachetagenwohnung, fern von Abwaschstreß und Streit um das Mülleimer-Heruntertragen: Die neue Wohnung hat Spülmaschine und Müllschlucker.
„Laß die Kleine jetzt mal in Ruhe essen", mischt sich Kalle Schneidewind in das Tischgespräch. „Und wenn du brav bist, gibt es noch 'ne Würstchenportion extra, mein Junge."
„Danke, Kalle, bist ein Schatz", scheint der Blick zu signalisieren, den Anke dem Koch der *Albatros* zuwirft.

Da wird Rolf von einem Signal in den Funkraum gerufen. Eine Yacht namens Sophie Marie ist in Not: Eine Frau sei über Bord gegangen.
Vorbei ist es mit der Ruhe auf der *Albatros*.
„Sophie Marie?“ fragt Unterbauer, als er das Papier mit der Positionsbeschreibung in der Hand hält. „Ist das nicht Tischlers Segelyacht?“
Britta Larsen und Kapitän Ehlers sehen sich an.
„Ob er sich wieder hat vollaufen lassen?“ fragt Unterbauer und steckt sich eine Zigarre an. Ehlers zieht seine Stirn in tiefe Falten. Er beißt sich auf die Lippen.
„Hoffentlich nicht“, sagt Britta.

Die *Albatros* braucht nicht lange zur Sophie Marie. Als Ehlers zusammen mit Anke, Kalle und Rolf die Yacht betritt, ist von Ralf Tischler nichts zu sehen. Dafür treffen sie auf einen Mann mittleren Alters, der verzweifelt mit den Tränen ringt. „Meine Frau ist über Bord gegangen“, sagt er immer wieder, „meine Frau ist über Bord gegangen.“
Aber der Mann ist noch in der Lage, den Hergang zu berichten. „Ich hab die Nachtwache übernommen“, sagt er. „Ich hab ja ein bißchen Erfahrung auf See. Aber ich habe meine Fähigkeiten wohl überschätzt. Deshalb wollte ich

Herrn Tischler wecken. Meine Frau hat versucht, mir zu helfen und wollte das Segel einholen. Dabei ist sie ..." Der Mann wischt sich über die Augen, ehe er weiterspricht: „Der Mast schlug ihr gegen den Kopf. Sie ist ausgerutscht und über Bord gefallen. Ich hab den Rettungsring hinausgeworfen, aber dann war sie plötzlich weg." Und leise fügt er noch hinzu: „Meine Frau ist keine gute Schwimmerin."

„Wo ist Herr Tischler?" fragt Ehlers. Der Mann deutet mit dem Arm ins Bootsinnere. „Schläft wie ein Murmeltier", sagt er. „Kein Wunder, bei der Menge Alkohol."

Tischler! Kapitän Ehlers kocht innerlich vor Wut. Hoch und heilig hatte sein Freund ihm versprochen, keinen Tropfen Alkohol mehr anzurühren. Er hat ihn, so fühlt Ehlers jetzt, ausgenutzt. Gewissensbisse überkommen den Kapitän. Hätte er dieses Unglück verhindern können, wenn er in seinem Bericht Ralf Tischlers Alkoholproblem erwähnt hätte? Wenn Tischler die Lizenz für die Ausflugsfahrten entzogen worden wäre?

Ehlers faßt sich. „Die Suchaktion nach Ihrer Frau ist schon im Gange", teilt er dem nervösen Mann mit. „Wir haben die Einsatzzentrale sofort informiert. Ein Rettungshubschrauber und zwei Küstenwachboote sind unterwegs." Dann wendet er sich an Kalle. „Sehen Sie zu, daß Sie Tischler wachkriegen. Und dann schaffen Sie ihn an Bord der *Albatros*. Diekmann und Hohmann, Sie bringen die Yacht nach Neustadt zurück."

Ralf Tischler sitzt völlig verkatert in der Messe. Mit schwerer Zunge behauptet er, keinen Tropfen getrunken zu haben. Kapitän Ehlers glaubt ihm kein Wort. Sein früherer Schulfreund ekelt ihn an. Die Schnapsfahne ist nicht zu „übersehen".
„Vor dem Schlafengehen habe ich nur Milch getrunken", behauptet dieser stur. „Das ist die Wahrheit!"
Ehlers hat die Nase voll von diesen Lügen. „Noch einmal lasse ich dich nicht davonkommen", sagt er hart. „Freundschaft hin oder her."
Ehlers wendet sich ab und geht. Wie ein Häufchen Elend bleibt Tischler zurück.

Rolf Hohmann ist in seinem Element: Eine Segelyacht in den Hafen bringen, welch willkommene Abwechslung! Und noch dazu gemeinsam mit Anke Diekmann, die sich vor lauter Begeisterung auf einmal wie ein kleines Mädchen benimmt. „Anderer Leute Unglück ist unser Glück, was Hohmann?" ruft sie.
Du sagst es! gibt der Funker ihr mit einem Lächeln zu verstehen.
Die See ist noch immer ruhig, und laut Wetterbericht wird sie es vorläufig

auch bleiben. Neugierig schaut Rolf sich im Inneren des Bootes um. Die Yacht ist hübsch eingerichtet, Kühlschrank, Mikrowelle, alles da. Neben dem Schrank, auf einem Holzregal, entdeckt er eine Flasche Whiskey. Er öffnet einen kleinen Schrank, nimmt zwei saubere Gläser heraus und schlendert mit seiner Beute zu Anke.
„Vertragen wir uns wieder?“ fragt er charmant. „Haben wir uns gestritten?“ fragt sie zurück.
„Nicht direkt“, sagt er verlegen. „Ich kann ja verstehen, daß dir meine Sprüche manchmal tierisch auf den Nerv gehen.“
„Warum verkneifst du sie dir nicht, wenn du es verstehen kannst?“ fragt sie Rolf, der schon begonnen hat, die Gläser großzügig zu füllen.
„Halt, stop! Nicht so viel!“ ruft Anke. „Der Whiskey gehört uns nicht.“
„Den Schluck wird niemand vermissen!“ sagt Rolf und hebt sein Glas. Anke kann seinem Lächeln nicht widerstehen. Sie nimmt ihr Glas. Die beiden prosten einander zu. Anke nimmt einen Schluck – und schnappt nach Luft. Zuviel für sie! Sie greift nach einer geöffneten Milchtüte, die neben dem Kühlschrank steht, und leert sie in einem Zug.

Nachdenklich verläßt Kapitän Ehlers die Einsatzzentrale. Tischlers Vernehmung durch Hauptkommissar Gruber war alles andere als ein Vergnügen. Warum leugnet Tischler nur so hartnäckig? Immer wieder hat er behauptet, nur Milch getrunken zu haben. Und das bei der Alkoholfahne! Mit einem Geständnis hätte er sich einen besseren Dienst erwiesen, soviel ist klar.
Und dann natürlich Grubers Triumph ihm, Ehlers, gegenüber. Zusammengestaucht hat er ihn, den Kapitän, als klar wurde, daß auch der vorherige Unfall auf See unter Alkoholeinfluß geschah. Warum Ehlers nicht Meldung gemacht habe, hat Gruber ihn angeschrien. Ehlers habe sich mitschuldig gemacht am Tod der Ehefrau des Bauunternehmers Kärger aus Neustadt. Die Sache werde noch ein Nachspiel haben.
Kapitän Ehlers sieht zur Anlegestelle hinüber. Gerade ist dort die *Sophie Marie* vor Anker gegangen, mit Rolf und Anke an Bord. Aber was ist da los? Rolf stützt Anke, die wie benommen an seiner Seite torkelt.
„Anke ist schlecht geworden“, versucht der Funker zu erklären, als der Kapitän sich ihnen nähert. Es ist Rolf anzusehen, wie unangenehm ihm das Ganze ist.
„Ich habe eher den Eindruck, daß Frau Diekmann völlig betrunken ist“, stellt Ehlers streng fest.
„Wir haben ...“ stammelt Rolf, dessen Gesicht rot angelaufen ist, „na ja, einen Schluck Whiskey aus der Flasche an Bord genommen.“ Ehlers hält die Luft an.

Ist er denn von Alkoholikern umzingelt? „Aber nur einen ganz kleinen!" beeilt Hohmann sich zu sagen. „Und Anke hat die Hälfte wieder ausgespuckt. Danach hat sie mindestens einen halben Liter Milch getrunken, nichts anderes. Und von Milch ist noch keiner betrunken geworden, soweit ich weiß."
Anke hat das Gespräch verfolgt, ist aber unfähig, etwas dazu zu sagen. Sie hat Mühe, ihre Augen aufzuhalten und ist froh, Rolf als Stütze neben sich zu haben. Auch ihr ist die Sache gegenüber dem Käpt'n schrecklich peinlich. Daß sie aber auch nur so wenig Alkohol vertragen kann!
„Denken Sie sich eine gute Ausrede für Ankes Ehemann aus", empfiehlt Ehlers seinem Funker. „Wir sehen uns dann später." Nachdenklich sieht beiden hinterher. Nur ein Schluck Whiskey, und dann so etwas?

„Für uns ist der Fall abgeschlossen", erklärt Hauptkommissar Gruber am nächsten Tag in seinem Büro und sieht Kapitän Ehlers streng an. „Die Sache ist eindeutig: Tischler war betrunken. Er trägt die Verantwortung für das Unglück."

„Warum wurde von Tischler keine Blutprobe genommen?“ fragt Ehlers seinen Vorgesetzten. Dessen Gesicht rötet sich leicht. „Tischler hat gerochen wie eine Schnapsleiche“, sagt er. „Da dürfte sich eine Blutprobe wohl erübrigen.“

Es klopft. Ein Mann in einem grauen Anzug und mit einer Aktenmappe in der Hand tritt ein. „Wieland“, so stellt er sich vor. Er komme von der Versicherung des Neustadter Bauunternehmers.
„Durch den Tod von Frau Kärger werden wir um zwei Millionen Mark ärmer“, sagt er. Zwei Millionen! Ehlers ist überrascht.
„Da es sich um einen Unfall handelt“, ergänzt der Versicherungsmensch, als habe er Ehlers Gedanken erraten, „hat sich die Leistung verdoppelt.“
„Wie lange besteht die Versicherung schon?“ fragt Ehlers nach, der plötzlich ein merkwürdiges Gefühl in der Magengegend verspürt.
Wieland blättert in seinen Unterlagen. „Seit neun Jahren“, sagt er dann. „Allerdings wurde sie vor drei Monaten erhöht.“ Er klappt den Aktenordner zu. „Wieso fragen Sie?“ horcht er jetzt auf. „Gibt es Zweifel an der Rechtmäßigkeit der Forderung?“
Hauptkommissar Gruber räuspert sich ungehalten. Mit einem vorwurfsvollen Seitenblick auf den Kapitän gibt er dem Mann zu verstehen, daß man seitens der Küstenwache den Fall für geklärt halte. „Sie erhalten eine Durchschrift unseres Berichts“, sagt er dann. Wieland erhebt sich und verabschiedet sich. Kaum ist der Mann aus dem Raum, will Gruber auf Ehlers rügend einreden, da kommt ihm Ehlers zuvor: „Ich habe zufällig erfahren, daß Kärgers Bauunternehmen in großen finanziellen Schwierigkeiten steckt“, teilt er seinem Chef mit. „Er kann das Geld von der Versicherung gut gebrauchen.“
„Na und?“ meint Gruber. „Was beweist das?“
Ehlers setzt nach. „Und außerdem fehlt das Beiboot der Yacht.“
Gruber hat sich von seinem Schreibtisch erhoben und geht jetzt langsam auf Ehlers zu. „Kärger hat angegeben, es nicht richtig angebunden zu haben“, sagt er leise, aber eindringlich. „Schreiben Sie Ihren Abschlußbericht, Herr Ehlers, und lassen Sie es dabei bewenden.“

Die Tage vergehen. Die Küstenwache hat offiziell längst aufgehört, nach Sonja Kärger zu suchen. Und dennoch kann Kapitän Ehlers eine gewisse innere Unruhe nicht verhehlen. Hat der Bauunternehmer seine Frau umbringen wollen? Macht Milch seit neuestem betrunken, wie Tischler, Hohmann und Diekmann einmütig behaupten? Ehlers weiß, wem er vertrauen kann. Auf seine Menschenkenntnis war bisher immer Verlaß.
Ehlers steht auf der Brücke und sucht mit dem Fernglas das Meer ab. Klar, denkt er, Tischler gibt mit seinen Alkoholproblemen einen idealen

Sündenbock ab. Und doch – so ganz bekommt Ehlers die Sache nicht zusammen. Obwohl der Fall offiziell als abgeschlossen gilt, hat er inzwischen ein paarmal mit Kärger gesprochen. Entweder ist der Mann ein hervorragender Schauspieler – oder der Unfall seiner Frau geht ihm wirklich sehr nahe, was ganz und gar nicht zu einem kalt berechnenden Mörder passen würde. Es gäbe allerdings noch eine andere Möglichkeit. Auf den Gedanken kommt Ehlers erst jetzt.
Sie nähern sich einem schwarzen Punkt, der schnell zu einem dunklen Fleck heranwächst: Ein Motorboot kreuzt auf dem Meer. Durch seinen Feldstecher erkennt Ehlers Sebastian Kärger am Steuer des Bootes. „Wenn das kein Zufall ist", murmelt der Kapitän.
Sie halten auf das Motorboot zu.
Kärger wird von der *Albatros* gestoppt und an Bord geholt. „Was tun sie hier?" fragt Ehlers.
„Das, was eigentlich ihre Aufgabe wäre", erwidert Kärger außer sich. „Ich suche meine Frau."
Der Mann ist ehrlich besorgt, stellt Ehlers fest. Er gibt ihm zu verstehen, daß seine Frau ohne Schwimmweste keine Überlebenschance hat. Da wird er von Hohmann unterbrochen. „Die Skandinavienfähre hat ein Schlauchboot gesichtet", sagt der Funker. „Wahrscheinlich unbemannt."
Kärger stöhnt auf.
Wolfgang Unterbauer läßt die Maschinen mit voller Kraft laufen, Britta Larsen berechnet den neuen Kurs. Nach kurzer Zeit ist das Schlauchboot in Sicht. Britta kann mit dem Fernrohr eine Person darin liegen sehen.
„Schlauchboot klarmachen", befiehlt Kapitän Ehlers.
Wenig später wird eine Frau an Bord der *Albatros* gebracht. „Sonja!" ruft Sebastian Kärger. Aber seine Frau liegt wie leblos auf der Trage. Wird sie sterben?
„Sie ist Diabetikerin!" erklärt Kärger hastig dem Sanitäter an Bord. „Sie braucht sofort Insulin. Wo ist ihre Tasche?"
„Im Schlauchboot war keine Tasche", sagt Schneidewind. Und Ehlers schüttelt den Kopf: Meint Kärger, seine Frau falle über Bord und denke dabei noch an ihre Tasche? Allmählich verhärtet sich sein Verdacht ...
Insulinschock. Sonja Kärger braucht sofort eine Infusion. Doch dafür ist die *Albatros* nicht ausgestattet. In Höchstgeschwindigkeit geht es zurück nach Neustadt. Jede Sekunde zählt.

Ein Sanitäter rennt mit einer Infusionsflasche die Gangway herauf. Während Sonja Kärger behandelt wird, will Kapitän Ehlers von ihrem Mann endlich die Wahrheit wissen.

Kärger ist in sich zusammengesunken. „Es schien alles so einfach", sagt er tonlos. „Sonja sollte mit dem Schlauchboot nach Dänemark übersetzen und von da aus nach Südamerika fliegen. Mit dem Geld von der Versicherung hätten wir dort neu anfangen können."
„Daß Sie Ralf Tischlers Leben damit endgültig ruiniert hätten, war Ihnen wohl egal", versetzt Ehlers.

Kärger sieht zu Boden. Aber Ehlers spürt keine wirkliche Reue.
Sonja Kärger muß sofort ins Krankenhaus. „Wird Sie durchkommen?" fragt ihr Mann besorgt, als die Sanitäter die Trage anheben.
„In Moment ist sie außer Lebensgefahr", ist die Antwort.
Unten, am Hafen, kommt Gruber dem Kapitän entgegen. „Glauben Sie immer noch", fragt Ehlers seinen Vorgesetzten, „daß Kärger ein über jeden Zweifel erhabener, angesehener Bürger unserer Stadt ist?"
Aber jemand wie Gruber gibt so schnell keine Schwäche zu. „Wer weiß schon, was in einem Menschen wirklich vorgeht?" relativiert er seine frühere Einschätzung des Bauunternehmers. „Und was Ihren Freund Tischler angeht,

da waren meine Zweifel alles andere als unbegründet“, betont er. „Ich habe ihn schon heute mittag aus einer Kneipe torkeln sehen.“
Der Kapitän blickt in Grubers lauernde Augen. Du und ich, denkt er, wir leben in zwei verschiedenen Welten.
„Einen schönen Tag noch“, sagt Ehlers und will sich abwenden.
„Ich brauche dringend Ihren Bericht für die Versicherung“, ruft Gruber ihm zu.
„Der kann bis morgen warten“, erwidert der Kapitän. Er hat jetzt Wichtigeres zu tun.
„Wo wollen Sie denn hin?“
Ehlers bleibt stehen. „Zu meinem Freund Tischler“, antwortet der Kapitän gelassen, „und ihm sagen, daß er einen guten Grund hat, wieder nüchtern zu werden.“

Mitten ins Herz

Rolf Hohmann kann nicht schlafen. Wie ein verwundetes Tier wälzt er sich von einer Seite auf die andere. Die Brust schmerzt, das Atmen fällt ihm schwer. Ein Pfeil hat ihn getroffen. Mitten ins Herz.
Schneidewind ist der erste, dem die dunklen Augenringe auffallen. „Schläfst du überhaupt mal?“ fragt er den Funker und sieht ihn prüfend an. Aber Hohmann verzieht nur den Mund zu jenem irren Lächeln, zu dem nur eine Spezies in der Lage ist: Verliebte.
Auch Anke Diekmann merkt, daß Rolf in anderen Sphären schwebt. Sie merkt es daran, daß er aufgehört hat, spaßeshalber an ihr herumzumeckern. Seit sie verheiratet ist, hat sich sein Verhalten ohnehin ein wenig geändert – er ist in seiner Ausdrucksweise vorsichtiger geworden -, und jetzt will er es ihr wohl nachmachen in Sachen Liebe: Es scheint etwas Ernstes zu sein.
Allmählich erfährt die Crew Details: Sie heißt Karen. Rolf hat sie am Strand von Gröwitz kennengelernt. Und er will ihr verschweigen, daß er bei der Küstenwache arbeitet.
„Wieso?“ Kalle Schneidewind setzt überrascht den Erbsentopf ab. „Zu meiner Zeit sind mir die Mädchen hinterhergelaufen, gerade weil ich bei der Polizei bin“, sagt er.
Hohmann macht eine wegwerfende Handbewegung. „Das verstehst du nicht, Kalle“, sagt er. „Ihr müßtet sie sehen. Sie ist immer mit so megacoolen Typen zusammen. Wenn sie erfährt, daß ich ein Beamter mit Pensionsanspruch bin, findet sie mich bestimmt todlangweilig ...“
„Quatsch! Wenn sie dich gern hat ...“, protestiert Anke. Aber es ist offensichtlich: Aus dem selbstbewußten Lebemann Rolf Hohmann ist durch den Schuß aus Amors Pfeil ein unsicheres Jüngelchen geworden.
„Weißt du was“, schlägt Anke vor. „Ich seh mir diese Karen mal an. Und dann kann ich dir ganz genau sagen, ob du bei ihr Chancen hast.“
„Küstenwache, bitte kommen.“ Der Funker wird an seinen Platz gerufen. Bewaffneter Überfall in einer Strandvilla. Die Täter flüchten übers Meer per Jetski.
„Unterbauer, volle Kraft“, befiehlt Kapitän Ehlers. Für einen Augenblick hat Rolf seine Karen vergessen. Bewaffneter Überfall – das hatten sie lange nicht mehr. Der Villenbesitzer ist angeschossen worden. Hoffentlich – so sein zweiter Gedanke – versaut ihm der Einsatz nicht die freie Woche. Heute wäre sein letzter Arbeitstag. In der nächsten Woche steht täglich der Name Karen auf dem privaten Dienstplan ...

Wachoffizierin Britta Larsen meldet drei Punkte auf dem Radar. Das dürften die Räuber sein. Offenbar flüchten sie in dänisches Hoheitsgebiet.
„Wir müssen ihnen zuvorkommen“, sagt Kapitän Ehlers. Und Anke überlegt. „Villa Lechner ... das ist doch diese Traumvilla direkt unten am Strand. Mein Mann und ich sind da mal vorbeigelaufen.“
Unterbauer zieht an seiner Zigarre. „Luxus pur“, brummt er.
Anke zieht ihn auf. „Neidisch?“ Unterbauer wiegt den Kopf, was so viel heißen soll wie: na ja, vielleicht schon – aber irgendwie auch wieder nicht.
„Ich könnte in einer solchen Villa nachts kein Auge zumachen, das schwör ich euch“, sagt Anke weiter. „Da sind doch die Einbrüche vorprogrammiert – oder?“
Die Jetskier sind schneller. Ehlers verständigt die dänischen Kollegen. Die Gangster sind entkommen.

„Nichts wie weg“, sagt auch Rolf nach Feierabend. Die ganze Mannschaft hat frei, und die Stimmung ist dementsprechend, als die Crew an Land geht. Rolfs Ziel ist der Strand von Gröwitz. Die Uniform bleibt diesmal auf dem Schiff zurück. Auch Anke hat sich umgezogen. „Warte, Rolf!“ ruft sie ihm hinterher. „Ich komme mit zum Strand. Ich will sehen, ob sie’s ernst mit dir meint.“

Rolf bleibt stehen. „Willst du das wirklich für mich tun?“ fragt er gerührt.
Am Strand von Gröwitz herrscht Highlife. Cliquen, Familien mit kleinen Kindern, Liebespärchen – lauter Sonnenanbeter. Ein Paragliderschirm, der von einem Motorboot gezogen wird, wird ausgeklinkt und schwebt ins ufernahe Wasser. Schaulustige verfolgen das Manöver.
„Und wo ist sie jetzt, deine Angebetete?“ fragt Anke neugierig. Rolf sieht sich suchend um. Dann entdeckt er sie. Er hält die Luft an. „Sie hängt am Schirm!“ ruft er, halb entsetzt, halb begeistert, und zeigt mit dem Finger auf die gerade im Wasser landende Paragliderin.
Anke staunt. „Wow!“
Ein junger Mann ist aus dem Motorboot gestiegen und hilft Karen, den Schirm zu lösen.
„Und wer ist der?“ fragt Anke mißtrauisch.
„Weiß nicht“, stößt Rolf gequält hervor.
Jetzt entdeckt Karen Rolf und Anke, die von der Uferpromenade zum Strand hinunterbummeln. „He, Rolf!“ Sie winkt ihm zu. Karen hat ein offenes, fröhliches Lächeln.
Der junge Mann, den sie hinter sich zurückläßt, ruft ihr hinterher: „Wer ist denn der Typ?“ Zwei andere junge Männer, die offensichtlich ebenfalls zum Wassersportverleih gehören, grinsen.
„Was gibt es da zu grinsen!“ schreit der junge Mann sie an.
„Die interessiert sich für dich, keine Frage“, flüstert Anke ihrem Kollegen zu.
„Ja, aber“, erwidert der, „guck dir doch mal die Typen an, mit denen sie zusammen ist. Die wollen doch alle was von ihr.“
„Sei einfach du selbst. Dann klappt's bestimmt!“ Anke knufft ihn leicht in die Seite und schlägt dann eine andere Himmelsrichtung ein. Ihr Mann wartet zu Hause auf sie, und sie freut sich auf ihn und die freie Woche. Rolf geht lächelnd auf Karen zu, die ihm barfuß durch den Sand entgegenläuft.
„He, wo warst du denn?“ fragt sie. Offenbar hat sie ihn vermißt.
Ein gutes Zeichen, denkt Rolf. „Äh, in Kiel. Geschäftlich“, sagt er.
Der junge Mann ist Karen gefolgt. Provokativ stellt er sich hinter dem Mädchen auf.
Karen dreht sich zu ihm um. „Ach so. Das ist übrigens mein Bruder Kim. Und das da hinten“ – sie zeigt auf die beiden anderen – „meine Freunde Marc und Roderick.“
„Hallo“, sagt Rolf. „Wie läuft das Geschäft?“
Er mag Kims Bruder nicht. Das steht für ihn schon nach der ersten Sekunde ihres Kennenlernens fest. Und ihre Freunde mag er auch nicht. Schade. Warum muß ein solch liebenswerter Mensch sich mit Leuten umgeben, die dermaßen unsympathisch sind?

Plötzlich wirft Kim dem Funker ein Paar Wasserski vor die Füße.
„Kannst du mit den Dingern umgehen? Eine Freifahrt für dich“, sagt er. Sein Blick ist lauernd, sein Tonfall schneidend. Er scheint eifersüchtig zu sein. Offensichtlich gestattet er seiner Schwester nicht, sich für irgend jemand zu interessieren. Aber Rolf läßt sich nicht beirren. „Ich bin auf Wasserskiern geboren“, sagt er cool und hebt die Skier auf.
Kurz darauf jagt das Boot übers Meer – mit Rolf auf Skiern im Schlepptau. Plötzlich reißt Kim das Steuer abrupt herum und fährt eine scharfe Kurve. Rolf kann sich nicht auf den Skiern halten und klatscht ins Wasser.
Karen ist empört. „Spinnst du?“ wirft sie ihrem Bruder vor, als Rolf und er wieder an Land sind. „So eine Kurve packt keiner. Das weißt du ganz genau.“
„Dann soll er nicht so angeben“, verteidigt der sich.
„Das ist das letzte Mal, daß du dich in mein Privatleben einmischt“, zischt Karen ihn wütend an. „Ist das klar?“
Aber Kim scheint seine Schwester nicht recht ernst zu nehmen. Mit finsterem Blick verfolgt er Karen und Rolf, als sie sich händchenhaltend in die entgegengesetzte Richtung davonmachen.
Als sie endlich ungestört sind, faßt Rolf sich ein Herz und nimmt seine Angebetete in die Arme. Sie ist wunderschön, schießt es ihm durch den Kopf, und sie riecht gut ...

Er küßt sie sachte auf den Hals, direkt neben zwei kleine, silbrig glitzernde Delphine, die an einer silbernen Halskette hängen.
„Liebst du Delphine?“ fragt er sie.
„Ja“, sagt Karen schwärmerisch. „Sie sind so frei. So frei, wie man hier nie sein kann.“
Rolf stutzt. „Was meinst du damit?“ Er guckt sie angstvoll an. „Heißt das, du willst weg von hier?“ Karen zieht ihn zart an sich. „Träumst du nie von einem anderen Leben?“ fragt sie zurück.
„Doch.“ Rolf lächelt. „Mit dir. Aber was wird, wenn du weggehst?“
„Laß uns lieber die Gegenwart genießen“, antwortet Karen nach kurzem Zögern und gibt ihm einen Kuß. Rolf ist wie berauscht. Sie mag mich! Sie mag mich! hämmert es in seinem Kopf.
Da macht sie sich kurz von ihm los, legt ihren Kopf ein wenig schief und fragt. „War das deine Freundin vorhin?“
Sie ist eifersüchtig! jubelt die Stimme in ihm. Er lächelt, als er sagt: „Nein. Das ist Anke. Meine Kollegin. Wir sind gute Kumpel. Sie arbeitet wie ich in der Tourismusbranche.“
„Tourismus?“ Karen schaut interessiert. „Da kommt ihr viel rum, was?“
„Weniger“, sagt Rolf. „Wir kümmern uns eher um die Gegend hier.“

Rolf Hohmann ahnt nicht, daß die Crew sich schon wieder an Bord der *Albatros* befindet: Gruber hat die Mannschaft zurück zum Dienst beordert. Da kennt der Hauptkommissar nichts! Der Grund: Die Räuberbande muß so schnell wie möglich gefaßt werden.
Anke versucht, eine Bresche für Rolf zu schlagen, als Kapitän Ehlers mißgelaunt feststellt, daß der Funker fehlt. „Er hat noch eine wichtige private Angelegenheit zu regeln", teilt sie dem Kapitän mit ernster Miene mit.
„Sorry, Käpt'n, war noch beim Zahnarzt", flunkert Hohmann, als er endlich – völlig außer Atem und mit den Gedanken in einer anderen Welt – wieder an Bord ist.
Ehlers wirft Anke einen Blick zu. „Sprechen Sie in Zukunft Ihre Lügen besser miteinander ab."
Konnten die Verbrecher ihren Überfall nicht nach unserem Kurzurlaub machen, denkt Hohmann grimmig, als er sich wieder in den Funkraum zurückzieht.
Bis zum Abend patrouilliert die *Albatros* an der Küste entlang. Da erscheint ein Punkt auf dem Radar. Es ist ein Motorboot. Warum fährt es ohne Lichter? Will es nicht gesehen werden?
„Gehen Sie auf Abfangkurs", befiehlt Ehlers. Das hier wird ein ganz besonderer Einsatz werden. Die Mannschaft soll sich bewaffnen.
Durchs Fernglas beobachtet Britta, daß das Motorboot auf einen Steg zufährt. Hier, an diesem Ufer, befinden sich die protzigsten Villen von Görlitz. Vier Maskierte kann Britta erkennen, beim letzten Überfall waren die Gangster nur zu dritt. Jetzt hat das Boot angelegt. Katzenartig huschen die Einbrecher über den Steg. Doch als sich einer von ihnen am Tor zu schaffen macht, heult eine Sirene. Scheinwerfer flackern auf. Die Einbrecher haben einen Bewegungsmelder ausgelöst.
Und nicht genug damit. Auch vom Wasser her werden sie plötzlich angestrahlt: Die *Albatros* hat ihre Richtscheinwerfer eingeschaltet.
„Weg hier!" ruft der Anführer. Die vier springen zurück in ihr Motorboot und brausen los. Das Küstenwachschiff bleibt ihnen auf den Fersen. Und nicht lange, dann hat es die Verbrecher eingeholt. Doch diese sind bestens vorbereitet: Unter ihrer Kleidung tragen sie Taucheranzüge, im Boot befinden sich Sauerstoffflaschen. Panisch fängt der Anführer an, die *Albatros* zu beschießen. Da befiehlt Ehlers, das Feuer zu erwidern. Rolf erhält den Auftrag, den Bootsführer „auszuschalten".
Noch nie hat Rolf einen solchen Befehl vom Kapitän erhalten. Er schluckt. Aber irgendwann einmal mußte eine solche Anordnung kommen. Darauf vorbereitet haben sie sich ja genug, auf unzähligen Seminaren, in unzähligen Übungsstunden. Aber jetzt – der Ernstfall. Rolf zielt lange. Dann drückt er ab.

Doch ob er getroffen hat, wen und wo, ist nicht mehr festzustellen, denn die vier Einbrecher springen in diesem Moment ins Wasser.
„Mist!“ ruft der Kapitän. Die Männer sind unter der Wasseroberfläche verschwunden.
Aber wenigstens können die Leute von der *Albatros* das zurückgelassene Boot durchsuchen. „Hohmann und Diekmann!“ bestimmt der Kapitän.
Kurz darauf stapfen Anke und Rolf, die mit dem Schlauchboot übergesetzt haben, auf dem schwankenden Motorboot herum. Sie durchsuchen das Fahrzeug, finden jedoch auf den ersten Blick nichts Auffälliges. Doch dann stutzt Rolf. In einer Ecke liegt eine Silberkette. Er fischt die Kette hervor und spürt, wie sich sein Herz verkrampft: Zwei kleine Delphine blinken ihm entgegen. Von Anke unbemerkt, steckt er das Schmuckstück in seine Tasche. Das Herz klopft ihm bis zum Hals.

In dieser Nacht kann Rolf nicht schlafen. Diesmal nicht aus Liebessehnsucht, sondern aus Sorge. Was hat Karen mit dem Einbruch in die Strandvilla zu tun? Oder handelt es sich bei der Kette nur um ein ähnliches Stück? Nein. Er muß sie sehen. Er muß mit Karen sprechen. Gleich morgen früh wird er statt zum Dienst zum Strand gehen und sie suchen.

Am nächsten Morgen schickt Kapitän Ehlers Anke und Unterbauer zum Schwimmsteg der Küstenwache, um das dort sichergestellte Motorboot bei Tageslicht noch einmal gründlich durchzuforsten. Und tatsächlich – Unterbauer entdeckt ein paar Kalaschnikows und andere Waffen russischer Bauart. „Hier ist Blut", sagt Anke plötzlich. „Rolf hat wohl doch jemanden getroffen."
Als Unterbauer sich den Blutfleck ansehen will, stürzt er unvermittelt zu Boden. Jemand hat ihn vom Steg aus auf den Hinterkopf geschlagen. Anke fährt herum. Doch die beiden jungen Männer sind schon zu ihr ins Boot gesprungen. Ein brutaler Hieb mit dem Gewehrkolben – dann ist auch sie außer Gefecht gesetzt.

Rolf verdrängt sein schlechtes Gewissen. Daß er den Dienst schwänzt, hat er sich bisher noch nie geleistet, obwohl er, zugegeben, oft dicht davor gewesen ist. Aber wenn es um Liebe geht, die große Liebe, dann ist das etwas anderes, findet Rolf. Dennoch, wohl ist ihm bei der Sache nicht. Was, wenn Karen in irgendeiner Weise mit den Einbrechern in Verbindung steht?
Karen kommt ihm schon entgegengelaufen. Sie schlingt ihre Arme um seinen Hals. Mehrfach hebt er an, sie zu fragen. Aber es gelingt ihm nicht. Er findet nicht die richtigen Worte. Er hat Angst davor, zu zerstören, was sich zart zwischen ihnen zu entwickeln beginnt ...
Da taucht ihr Bruder auf, Kim. Mit siegessicherem Blick begrüßt er Rolf. Merkwürdig, dieser Sinneswandel des bisher so eifersüchtigen Bruders, findet Rolf.
Kein Wunder. Was Rolf nicht wissen kann, ist, daß Kim und Roderick soeben gemeinsam ihr Motorboot von der Küstenwache zurückerobert haben. Samt Anke. Gefesselt und geknebelt und bewacht von Marc liegt sie auf den Bootsplanken. Wie überrascht Kim doch war, Anke in seinem Motorboot anzutreffen, in voller Küstenwachen-Uniform. Wo hatte er diese Frau schon einmal gesehen? Er brauchte nur kurz zu überlegen. Natürlich! Sie war an der Seite dieses Hohmann den Strand hinuntergekommen, damals, als Karen sich das zweite Mal mit ihm verabredet hatte. Und eins und eins zusammenzählen – das kann Kim. Für ihn war in diesem Augenblick klar, daß der Mann, in den sich seine Schwester so unsterblich verliebt hat – daß dieser Mann ein Bulle ist. Ein Bulle, der, so rechnet Kim es sich aus, auf sie angesetzt wurde, um etwas über die Gang herauszufinden. Ein Bulle, der an seiner Schwester in Wirklichkeit kein Interesse hat. Kim hat sich einen perfiden Plan ausgedacht, um sich für Rolfs doppeltes Spiel zu rächen.
„Tut mir leid, daß ich so abweisend war", sagt er freundlich zu ihm. „Weißt du was, wieso unternehmen wir drei nicht eine gemeinsame Bootstour? Ich

möchte dich gerne näher kennenlernen. Vielleicht bist du ja mein zukünftiger Schwager."
Rolf ist mulmig zumute. Er spürt, daß Kim etwas im Schilde führt. Aber er stimmt zu.

Hauptkommissar Gruber tobt. „Das Boot aus unserem eigenen Hafen geklaut, Herr Unterbauer niedergeschlagen, Frau Diekmann entführt. Großartig!"
Unterbauer reibt sich den Kopf. Kapitän Ehlers blickt mit finsterer Miene aus dem Fenster.
„Konnten Sie die Täter wenigstens identifizieren?" fragt Gruber Unterbauer in vorwurfsvollem Ton.
„Wie denn?" erwidert der gereizt. „Der Schlag kam von hinten."
„Wahrscheinlich planen sie einen neuen Überfall", sagt Kapitän Ehlers nachdenklich. „Und Anke nehmen sie dabei mit. Als lebendes Schutzschild, sozusagen."

Der Raum ist dunkel. Wie ein Verließ. Oder eine Art Bunker aus dem Zweiten Weltkrieg. Anke kann nicht schreien. Dieses Würgegefühl im Hals. Aber hören und sehen, das kann sie. Sie hört das Rauschen des Meeres, und sie sieht, wie Marc, ihr Bewacher, Schluck für Schluck eine Schnapsflasche leert. Er stöhnt vor Schmerz – offensichtlich hat Rolf ihn am Arm getroffen, und offensichtlich hat er keinen Arzt aufgesucht. Nur notdürftig ist die Wunde verbunden. Mit glasigem Blick schaut Marc zu Anke herüber. „Komm Schätzchen", lallt er. „Trink einen Schluck mit mir ..." Er hockt sich neben Anke und fängt an, an ihr herumzufingern. Aber er kommt nicht weit. Denn die Polizistin hat ihm mit ihren gefesselten Händen voll zwischen die Beine geschlagen. Er fällt zu Boden, windet sich vor Schmerzen, die sich nun wohl vervielfacht haben. Krachend ist die Schnapsflasche zu Boden gefallen und dabei zu Bruch gegangen. Anke schnappt sich eine Scherbe und beginnt geschickt, ihre Fesseln damit zu zerschneiden. Ein Glanzstück der Entfesselungskunst.

Das Motorboot nähert sich der Villengegend am Strand von Görwitz. Rolf und Karen sind nicht mehr Kims einzige Passagiere. Roderick hat sich ihnen angeschlossen, scheinbar völlig zufällig. Was haben sie vor, fragt sich Rolf. Er versucht in Karens Augen zu lesen, aber sie scheint selbst nicht genau zu wissen, was ihr Bruder und sein Freund für einen Plan haben. Und doch, so ganz fremd scheint ihr die Aktion auch nicht zu sein. Nur, welche Rolle Rolf bei dem Ganzen zu spielen haben wird, das mag ihr noch unklar sein.

Das Motorboot legt am Strand an. Kim holt Waffen und Einbruchswerkzeug aus dem Bootsinneren. Dazu Masken. Rolf ist überrascht: Es sind die Masken von Politikern, berühmt-berüchtigten Persönlichkeiten, die Geschichte schrieben: Che Guevara, Stalin, Fidel Castro und Honecker ...
„Venceremos!" ruft Kim.
Jetzt kommt Leben in Karen, die bisher merkwürdig unentschlossen ihren Bruder bei seinem Tun beobachtet hat. „Kim, bitte", fleht sie ihren Bruder an, „laß Rolf aus dem Spiel!" Aber Kim wirft ihr nur einen strengen Blick zu.
„Schon gut", sagt Rolf. „Ich komme mit." Dann zieht er sich eine Maske über wie alle anderen. Er ist kein Geringerer als Leonid Breschnew. In Windeseile sind sie in der Villa. Kein Problem für Kim, alias Fidel Castro, hineinzukommen. Doch Rolf hat nicht vor, den Einbrechern bei der Arbeit zu helfen. In der Küche findet er ein Telefon. Schnell wählt er die Nummer der Polizei.
„Hier Rolf Hohmann von der Küstenwache", flüstert er hastig in den Hörer. „In der Villa Herken wird eingebrochen. Ich brauche dringend Verstärkung."
Aber als er sich umdreht, stehen Karen und Kim vor ihm. Karen reißt ihre Maske herunter. „Ich hab dir vertraut!" ruft sie fassungslos. „Warum verrätst du uns?"

„Ich leg dich um, du Schwein." Kim hält ihm eine Pistole an die Schläfe. Rolf ist überrascht, daß er keine Angst empfindet. Als lege eine höhere Gewalt sein Bewußtsein lahm. „Du verstehst das vielleicht nicht", sagt er zu Karen und blickt ihr liebevoll in die Augen. „Aber ich hab es für dich getan. Denn das alles hier paßt nicht zu dir."

Plötzlich knallen Schüsse. „Verdammt!" entfährt es Roderick in der Maske Erich Honeckers. „Die Bullen!" Panisch zerrt Kim Rolf vor sich her. Er soll sein lebendes Schutzschild sein.

„Küstenwache!"

Es ist Kapitän Ehlers' Stimme, wie Rolf mit Erleichterung feststellt. Kims Griff an seinem Hals ist eisern.

Britta Larsen, Unterbauer und Schneidewind stürmen, angeführt von Ehlers, die Villa.

Rolf blickt in Kims verwirrtes Gesicht. Für den Bruchteil einer Sekunde scheint er nicht zu wissen, was tun – fliehen oder Rolf umbringen.

Doch dann reißt er seine Waffe noch einmal hoch und richtet sie auf Rolf.

„Nein!" schreit Karen und wirft sich dazwischen. In diesem Augenblick drückt Kim ab. Getroffen sinkt Karen zu Boden. Ehlers schlägt dem Schützen die Waffe aus der Hand. Entsetzt starren Rolf und Kim auf die blutende Karen.

„Das wollte ich nicht ...", stammelt ihr Bruder.

Ihm und Roderick werden Handschellen angelegt. Dann führt man sie ab. Rolf beugt sich über Karen, deren Wunde von Schneidewind versorgt wird.
„Mitten ins Herz“, flüstert Kalle, während er der jungen Frau einen provisorischen Verband anlegt. Ehlers ruft per Funk einen Notarzt.
„Karen ...“, flüstert Rolf. Seine Lippen zittern.
Sie hat Mühe, die Augen aufzuhalten. Als überkomme sie eine große Müdigkeit. „Ich wollte doch nur meinen Traum verwirklichen“, stammelt sie, kaum hörbar.
„Das weiß ich doch“, sagt Rolf unendlich zart. Er ist den Tränen nahe. „Das weiß ich doch.“
Vorsichtig nimmt er sie in den Arm. „Du mußt durchhalten“, beschwört er sie. „Ich besorg dir den besten Anwalt, den es gibt. Und ich warte auf dich. Das verspreche ich dir.“
„Ich weiß“, flüstert seine Liebste, „ich weiß.“
Aber als Rolf ihr einen Kuß geben will, stirbt sie in seinen Armen. Leise und mit einem Lächeln.
Rolf bleibt lange stumm. Die Crew steht um die beiden herum. Sie schweigen alle. Rolf ist der erste, der wieder spricht: „Sie hat mir das Leben gerettet.“
Er zieht das Kettchen mit den silbrig-glänzenden Delphinen aus seiner Hosentasche, betrachtet es noch einmal wie zum Abschied und legt es dann der Toten an.
„Jetzt bist du frei“, sagt er zu Karen.

Unsichtbarer Feind

„Mund auf, Opa!“
Kalle Schneidewinds jüngste Enkelin Hanne weiß, was sie will: Opa soll nach ihrer Pfeife tanzen. Kalle öffnet seinen Mund, und schwupps, hat Hanne ihm einen Löffel Buttercremetorte hineingeschoben.
„Mmmmh!“ gibt Kalle mit geschlossenem Mund zu verstehen und rollt begeistert mit den Augen. Die Kleine juchzt vor Freude.
Hanne hat Geburtstag, sie wird fünf. Daß Kalle Schneidewind heute nachmittag dabei sein kann, hat er einem außergewöhnlich günstigen Dienstplan zu verdanken. Seit Hauptkommissar Gruber in der Einsatzzentrale sitzt – und das ist nun schon eine ganze Weile so -, ist es viel schwerer geworden, Arbeitszeiten mit privaten Bedürfnissen zu koordinieren. Und Hanne weiß die seltenen Besuche ihres Opas zu nutzen.
„Und jetzt spielen wir Gesundmachen, Opa!“
Wie vom Blitz getroffen liegt die Kleine rücklings auf dem Teppich, die Augen geschlossen, das Gesicht schmerzverzerrt. „Ich bin so krank, so krank!“ jammert sie herzerweichend. Kalle wischt sich die Kuchenkrümel von den Lippen und stürzt zu ihr hin, allerdings nicht ohne das charakteristische Sirenengeheul. „Tatütataaa!“
Glücklich schlingt die Kleine ihre Ärmchen um den Hals ihres Opas. „Ätsch! Schon wieder gesund!“ Sie weiß, daß Opa wenig Zeit hat. Es gilt in den wenigen verbleibenden Momenten so viele Spiele wie möglich mit ihm zu spielen.
„Und jetzt spielen wir Zoo!“
Kalle erhebt sich vom Boden und wischt sich den Schweiß von der Stirn. Die Jugend, die hat noch Pfeffer im Hintern, denkt er wehmütig. Dabei ist er gar kein so alter Opa. Er hat jung geheiratet, jung Kinder bekommen, und seine Kinder haben es ihm nachgemacht. Warum auch nicht? Es ist schön, jung Opa zu sein.
„Hier sind wir in der Schildkrötenabteilung“, ruft Hanne, die sich kurz entfernt hat, um ihre Schildkröte hereinzuholen. „Darf ich dich mit Dr. von Schild bekanntmachen ...?“
Kalle lacht. Vorsichtig nimmt er das gepanzerte Tier in seine großen Hände, während Hanne schon wieder aus dem Zimmer gelaufen ist. Nachdenklich

betrachtet Kalle die Schildkröte. Wie alt mag er wohl einmal werden, der Herr Dr. von Schild ... zweihundert Jahre?
„Und jetzt mußt du Hallo zu Charly sagen!"
Kalle ist überrascht. Hanne kommt mit einem verängstigt quiekenden Meerschweinchen, das sie ihm schwungvoll in den Schoß legt, direkt auf den Panzer von Dr. von Schild.
„Vorsicht!" ruft Kalle. „Das sind keine Stofftiere!"
Die Kleine baut sich vor ihm auf. „Opa", fordert sie mit blitzenden Augen, „und jetzt wünsche ich mir noch ein Häschen."
„Noch ein Tier?" Kalle fühlt, daß er seine Enkelin bremsen muß. „Was willst du denn mit einem Häschen?"
„Das ist so kuschelig", antwortet Hanne mit entwaffnender Mimik.
„Aber wo soll es denn wohnen?" fragt Kalle weiter.
„Im Käfig, bei Charly."
„Wer ist Charly?"
„Na, das Meerschweinchen!"
„Aber ein Häschen braucht Auslauf. Ein Käfig ist gegen seine Natur, Hanne", beeilt Kalle sich zu sagen.

Hanne überlegt einen Moment.
„Dann darf es in der Wohnung wohnen, wie wir“, bestimmt sie, um gleich darauf wieder filmreif ihren sehnlichsten Wunsch an Kalle zu richten. „Bitte, Opa, schenk mir ein Häschen!“

Verängstigt hockt das Rhesusäffchen in seinem viel zu engen Käfig. Das Schiff bahnt sich seinen Weg durch die aufgewühlte See westlich der afrikanischen Küste. Das Äffchen wird noch lange Zeit in diesem Käfig verbringen müssen, denn der Frachter Dora braucht Wochen, bevor er seinen Zielhafen Rostock erreicht hat.
An Futter mangelt es dem Affen nicht. Das soll es auch nicht, denn dem Smutje, der eben den Käfig geöffnet hat und dem Affen eine Erdnuß zusteckt, liegt viel daran, daß das Tier gesund und kräftig in Deutschland ankommt.
Nur solche Tiere verkaufen sich gut. Da hat der Schiffskoch schon seine Erfahrungen. Ob private Tiernarren oder pharmazeutische Industrie, das Geschäft mit den Rhesusaffen lohnt sich in jedem Fall. Nur gesund – das müssen sie schon sein.
Der Affe knabbert gierig an der Nuß. Der Smutje streckt den Arm in den Käfig, und das Äffchen springt auf seine Hand, läßt sich aber nicht beim Fressen stören. Mit Genugtuung betrachtet der Seemann die Käfigkonstruktion. Daß der Stall einen doppelten Boden hat, ist ihm wirklich nicht anzusehen. Und niemand auf dem Schiff, davon ist der Smutje überzeugt, hat auch nur einen blassen Schimmer davon, was sich unter dem doppelten Boden befindet ...
Schritte sind auf dem Gang zu hören. Die Tür wird aufgerissen. Mangold, der bullige Maschinist, tritt in ölverschmierter Arbeitsmontur in die kleine Kajüte. „Ich will die Hälfte. Ist das klar?“
Ruhig blickt der Smutje seinen Kollegen an. „Wovon redest du?“-
„Von deinen Geschäften“, sagt Mangold. „Mir kannst du nichts vormachen.“
Der Smutje betrachtet das Äffchen, wie es an der Nuß herumkaut. Ohne den Maschinisten anzusehen, meint er mit warnendem Unterton. „Du gehst jetzt besser.“
„Ich hol mir meinen Anteil“, sagt Mangold drohend, während er sich wieder zur Tür gewandt hat. „Darauf kannst du dich verlassen.“ Krachend fällt die Kabinentür ins Schloß, als Mangold den Raum verlassen hat. Das Rhesusäffchen erschrickt sich, läßt die Nuß fallen und beißt den Smutje in die Hand. Der schreit kurz auf vor Schmerz, setzt den Affen wieder in den Käfig und verschließt ihn mit einem kleinen Schloß, dessen winzigen Schlüssel er anschließend an seiner Halskette befestigt.

„Der kann uns gar nichts, was?“ sagt er zu dem Tier und betrachtet lachend den Kratzer an seiner Hand.

„Was will sie denn mit einem Häschen?“ fragt Anke Diekmann, als Kalle Schneidewind beim Essen von seinem Geburtstagsbesuch bei seiner Enkelin erzählt.
„Na, weil's kuschelig ist“, sagt Kalle Schneidewind. „Dabei hat sie schon zwei Tiere zu versorgen.“
„Ist sie denn viel allein?“ forscht Anke nach. Kalle überlegt. „Nun ja, beide Eltern arbeiten ...“
„Bingo!“ ruft Anke. „Laß dir von einer Hobbypsychologin sagen: Das Kind braucht Streicheleinheiten!“
Rolf meldet sich zu Wort. „Ratten! Ratten sind gut.“ Anke boxt ihn in die Seite. „Ehrlich.“ verteidigt sich der Funker. „Die sind richtig schmusig.“
Aber Rolf kommt nicht dazu, seine Erfahrungen mit Ratten weiter auszuführen, denn eine Meldung ruft ihn in den Funkraum. Der Frachter *Dora* auf dem Weg nach Rostock soll kontrolliert werden. Es befinde sich ein Kranker an Bord.

Als Kalle und Britta den Frachter betreten, erwartet Kapitän Lutz sie schon. Er macht sie mit seinem Ersten Offizier, Herzberg, bekannt, und dann machen sich die vier auf den Weg zur Kabine des Kranken.
Es ist der Schiffskoch, der Smutje.
Aber er ist nicht allein. Maschinist Mangold treibt sich in der Kajüte herum, während der Koch, übersät mit rotem Hautausschlag, fiebernd und sich vor Krämpfen schüttelnd in seiner Koje liegt.
„Mangold, was machen Sie denn hier?" fragt Herzberg überrascht.
„Wollte nur wissen, wie es um ihn steht", antwortet der Maschinist.
„Seit wann interessieren Sie sich dafür, wie es einem anderen Menschen geht?" ist die spöttische Reaktion des Ersten Offiziers. „Los, gehen Sie an Ihre Arbeit!"
Schneidewind untersucht den Kranken. Er weiß, daß das Schiff aus Afrika kommt, und er ahnt nichts Gutes für den Patienten. „Sie dürfen vorerst keinen Hafen anlaufen", warnt er Kapitän Lutz. „Ein Amtsarzt muß sich den Mann noch einmal gründlich ansehen."
Kurz darauf betritt Amtsarzt Dr. Schenk das Schiff. Er untersucht den Smutje, dessen Zustand sich in der Zwischenzeit rapide verschlechtert hat, und nimmt eine Blutprobe. Seine Diagnose: Hämorrhagisches Fieber, hochgradig ansteckend. Genaueres werden die Ergebnisse der Blutprobe zeigen.
„Die *Dora* muß unter Quarantäne gestellt werden", fordert der Arzt. Kalle und

Britta sehen sich an. Das bedeutet, daß auch sie beide vorläufig nicht auf die *Albatros* zurückkönnen. Und das so kurz vor Feierabend!
Der Frachter wird von der *Albatros* zu einem Quarantäneplatz gelotst. Kapitän Lutz folgt der Anordnung nur widerwillig. Wie wird die Reederei das aufnehmen? Aber als auch Rudergänger Maurer mit Schweißperlen auf der Stirn zusammenbricht, wird dem Kapitän die Notwendigkeit der Quarantäne schlagartig klar. Und Kalle und Britta wird brutal bewußt, daß ihre Uniform sie vor dem Virus nicht schützen kann.

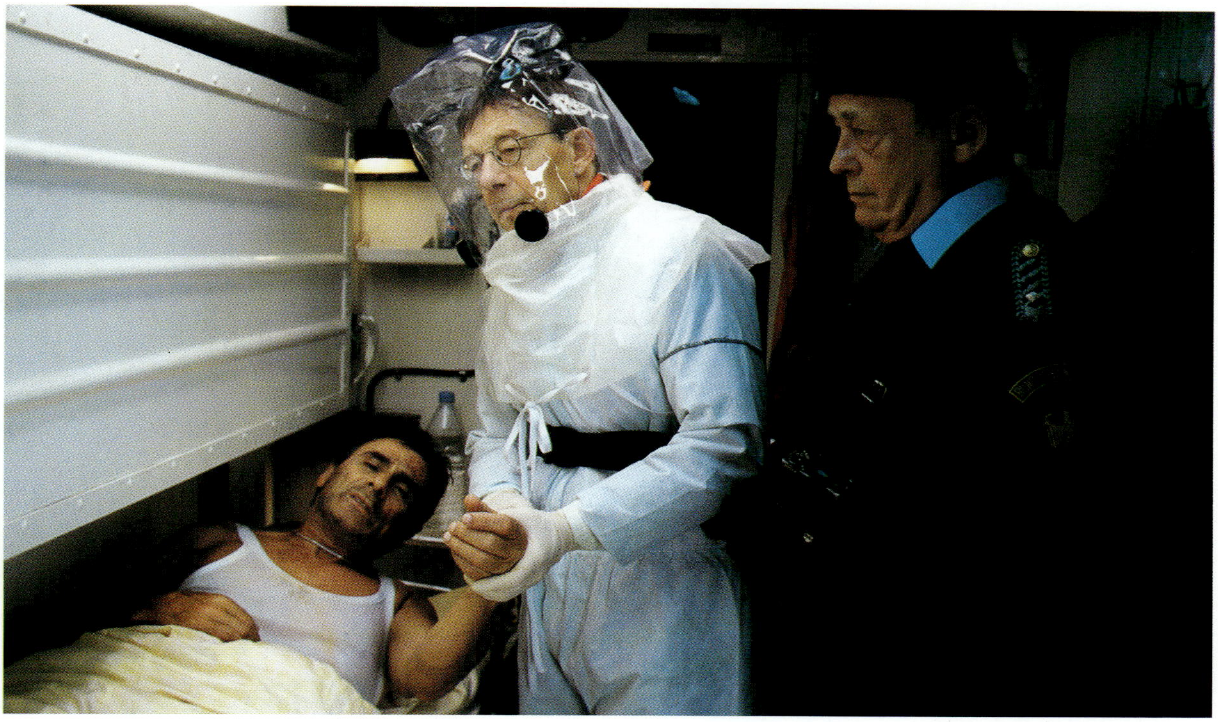

Hauptkommissar Gruber hat in der Einsatzzentrale inzwischen in aller Eile einen Krisenstab zusammengerufen und konferiert mit Vertretern des Gesundheitsministeriums. Auf den Schiffen dagegen herrscht beklemmende Ruhe. Niemand weiß, wie es weitergehen soll, weder Kapitän Lutz auf der *Dora* noch Ehlers auf der *Albatros*.
Dann der vorerst erlösende Funkruf an Kapitän Ehlers: Die Ergebnisse der Blutuntersuchung sind da. Der Smutje ist an Marburg-Fieber erkrankt. Alle Menschen an Bord der *Dora* müssen evakuiert und in ein Krankenhaus gebracht werden. Als die Barkasse, die sofort losgeschickt wird, bei dem Frachter angekommen ist, lassen Kapitän Lutz und Britta die ganze

Mannschaft der *Dora* antreten. Alle erscheinen, bis auf einen: Maschinist Mangold ist wie vom Erdboden verschluckt.
Nur scheinbar. Denn er befindet sich in der Kajüte des kranken Smutjes. Die Gelegenheit erschien ihm günstig – der Schiffskoch kann sich vor Schwäche kaum noch wehren.
„Sag, wo du ihn versteckt hast!“ brüllt Mangold den Schwerkranken an.
„Ich ... ich weiß es nicht ...“, stöhnt dieser mit letzter Kraft.
Da fällt Mangold ein Blitzen auf, ein Glitzern am Hals des kranken Smutjes. Es ist eine Silberkette mit Anhänger. Kein wirklicher Anhänger, sondern der Schlüssel zum Affenkäfig. Mangold grinst. „Daß ich nicht schon früher darauf gekommen bin“, sagt er und fährt mit seinen fleischigen Fingern unter die Kette, um sie dem Smutje vom Hals zu reißen.
Der Kranke wehrt sich gegen seinen kräftigen Kollegen, so gut er kann. Aber geschwächt und ausgelaugt, wie er ist, hat er keine Chance. Es gelingt Mangold jedoch nicht, die Kette zu zerreißen. Schmerzhaft bohrt sie sich in die Haut des Smutjes. Der schreit auf, windet sich. Mangold zieht die Kette einfach zusammen – das erscheint ihm die einfachste Lösung. Der Smutje röchelt – und fällt dann regungslos in sein Kissen zurück.

Mangold nimmt den Schlüssel an sich. Da hört er von draußen Stimmen und Schritte, die sich nähern. Er reißt die Kajütentür auf und springt in den Flur. Dabei bemüht er sich, ruhig zu wirken, ein Gesicht zu machen, als sei nichts geschehen.

„Machen Sie, daß Sie an Deck kommen“, brüllt der Erste Offizier Herzberg, als der Maschinist ihm und Kalle Schneidewind entgegenkommt. „Wir werden alle evakuiert.“

Herzberg und Kalle betreten die Kajüte des Schwerkranken. Entsetzt fahren sie zusammen. Der Smutje ist tot. Doch nicht infolge der Krankheit, wie Kalle schnell feststellt. Der Smutje wurde erwürgt.

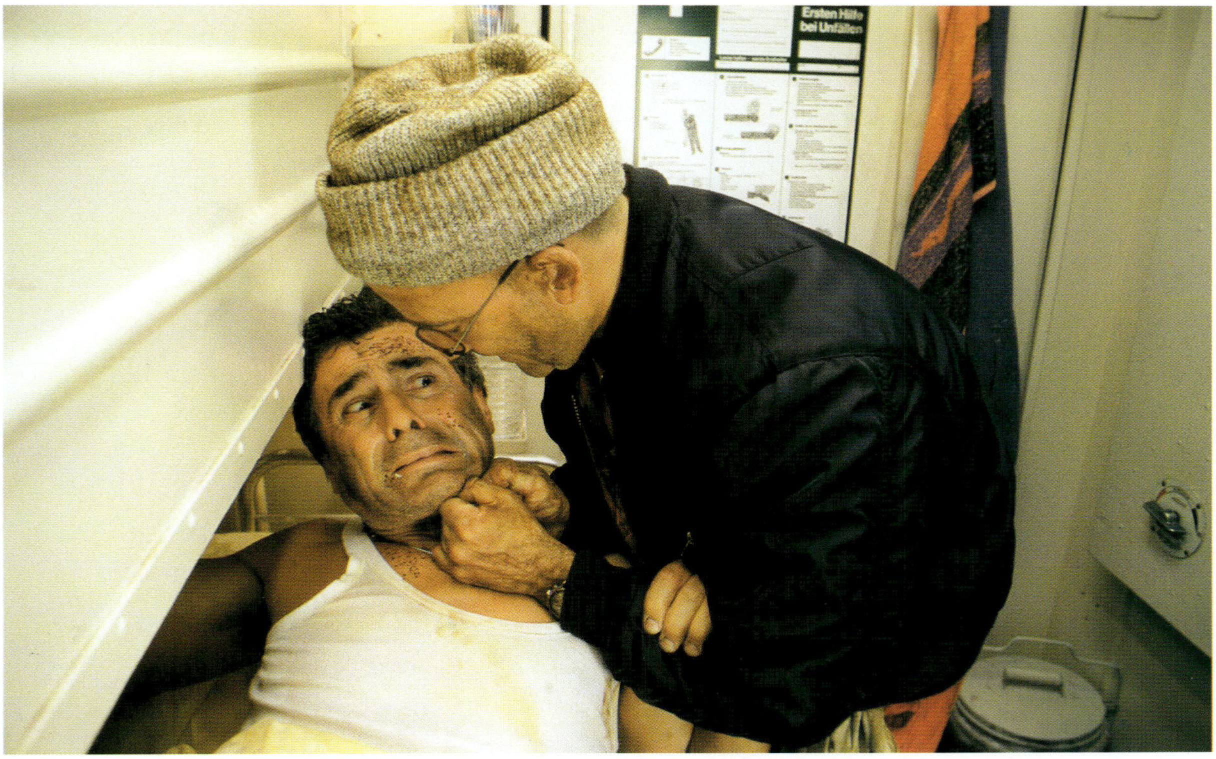

Kein Wunder, daß Mangold auch jetzt nicht an Deck erscheint, denkt Schneidewind, für den der Fall eindeutig ist. Inzwischen ist die ganze Mannschaft der *Dora* von Bord gebracht worden. Nur er und Britta befinden sich noch auf dem Schiff – und der Maschinist. Der versteckt sich offenbar und hat sich in der Zwischenzeit wahrscheinlich bewaffnet. Aber ohne Mangold werden Kalle und Britta das Schiff nicht verlassen, das schwören sie sich.

Der Maschinist ist in die Kajüte des Smutjes zurückgekehrt. Mit dem winzigen Schlüsselchen an der Kette des Ermordeten schließt er den Käfig auf. Erschrocken springt der Affe beiseite. Aber Mangold will nicht den Affen, sondern den Käfig näher betrachten, und darum muß das Tier heraus. Schwungvoll setzt er es auf den Kajütenboden.
Wer sagt's denn! Recht hatte er, als er vermutete, daß der Käfig noch etwas anderes außer dem Tier beherbergt. Mit einem Taschenmesser schlitzt er den Boden auf und zieht einen Beutel hervor. Als er ihn öffnet, reißt er die Augen auf: Ihm blitzen Rohdiamanten entgegen.
Mangold hat, was er braucht. Das Tier interessiert ihn nicht. Er packt den Affen und will ihn in den Käfig zurücksetzen. Aber der Affe möchte lieber frei in der Kajüte herumspringen. Er beißt Mangold in die Hand, damit er ihn losläßt. Der Maschinist schreit auf und läßt das Tier fallen, das mit einem durchdringenden Kreischen in die hinterste Ecke des Raumes flieht.
Hastig verläßt Mangold die Kajüte, wirft die Tür hinter sich zu. Jetzt gilt es, sich gut zu verstecken. Irgendwann wird er, so sagt er sich, in einem der Schlauchboote des Frachters bei Nacht und Nebel an Land rudern. Mit den Diamanten ist er ein gemachter Mann.

Vorsichtig betritt Britta den Maschinenraum. Kalle durchsucht derweil das andere Ende des Schiffes. Über Funk sind die beiden miteinander verbunden und natürlich mit Kapitän Ehlers auf der *Albatros*. Britta hält ihre Waffe umklammert. Im Maschinenraum gibt es tausend Möglichkeiten, sich zu verstecken. Sie spürt, daß ihr Herz allmählich schneller schlägt. Angst? Nicht direkt. Schwierige Situationen sind für sie immer eine Herausforderung. Dennoch, etwas mulmig ist ihr schon, als sie Winkel für Winkel nach dem Verschwundenen absucht.
Plötzlich geht das Licht aus. Ein technischer Defekt? Oder hat Mangold seine Finger an der Stromanlage gehabt? Britta muß mit allem rechnen. Sie schaltet ihre Taschenlampe ein und arbeitet sich systematisch weiter vor. Vom Maschinenraum kommt sie in einen Laderaum. Hat sich da etwas bewegt? Ein Geräusch läßt sie herumfahren. Sie sieht gerade noch, wie das schwere Schott zufällt und hört, wie jemand es von außen verriegelt.
„Kalle! Bitte melden!“ flüstert sie in ihr Funkgerät. Aber sie bekommt keine Antwort. Die Verbindung ist tot.

Mangold hat nicht daran gedacht, daß die *Albatros* ja noch da ist. Kapitän Ehlers hat sehr wohl registriert, daß die ständigen Funkmitteilungen von Britta und Kalle ausgefallen sind. Alarmstufe eins!

„Ihr bleibt an Bord“, befiehlt er der restlichen Crew. „Denkt daran, daß Seuchengefahr besteht.“ Ganz allein will er sich an Bord der *Dora* begeben. „Kommt nicht in Frage“, protestieren Unterbauer und Hohmann, „daß Sie allein den Helden spielen dürfen.“ Ehlers widerspricht nicht. Zu dritt setzen sie gemeinsam zum Frachter über. Der Kapitän ist erleichtert, daß seine Mannschaft ihn nicht im Stich lassen will.
Gemeinsam steigen die drei zum Maschinenraum hinunter. Da entdecken sie Kalle Schneidewind, der im Schein einer Taschenlampe versucht, ein Schott zu öffnen. „Kalle!“ tönt es aus dem Raum dahinter. Brittas Stimme.
Kalle ist nicht allein. Er weiß es nur nicht. Hinter ihm schleicht sich Mangold heran. In der Hand hält er einen schweren Schraubenzieher.
„Keine Bewegung!“
Kapitän Ehlers hat blitzschnell reagiert. Mit gezogener Pistole droht er dem Mann. Erschrocken läßt Mangold den Schraubenzieher fallen. Er versucht zu fliehen, wirft ein paar Kisten um, damit seinen Verfolgern der Weg versperrt ist, aber Hohmann und Unterbauer sind schneller als er. Als sie den Mann zu Boden reißen, fällt ihm der Beutel mit den Diamanten aus der Tasche. Klappernd kullern die Edelsteine über den Gang.
Inzwischen hat Kalle Britta befreit. Plötzlich sitzt ein Tier vor ihnen. Es hält einen Diamanten in der Hand und knabbert an ihm herum. Es scheint ihn für eine Nuß zu halten.
„Ein Affe!“ ruft Rolf überrascht und will auf das Tier zugehen.
„Halt!“ fährt Britta erschrocken dazwischen. „Bleib stehen! Der Affe könnte das Virus eingeschleppt haben!“
Mangold, fest im Griff von Unterbauer, wird leichenblaß. Er erinnert sich an den Biß, den das Rhesusäffchen ihm zugefügt hat. Es ist ihm nur recht, schnell die *Dora* zu verlassen und, wie die anderen, ins Krankenhaus zu kommen. Das Äffchen wird mit einem Netz eingefangen. Es wehrt sich nicht, schaut nur ängstlich in die Runde.

An Land stellt sich schnell heraus, daß das Rhesusäffchen tatsächlich Überträger des Virus ist. Auch Mangold wird krank. Er bekommt ein Gegenmittel, aber sein Zustand bleibt kritisch. Falls er überlebt, wird er sich wegen Mordes vor Gericht verantworten müssen.

Tage später klopft Kalle Schneidewind wieder bei seiner Enkelin an. „Hast du mir kein Häschen mitgebracht?“ fragt sie und sieht enttäuscht aus, als er bedauernd den Kopf schüttelt.
„Aber dein Opa hat sich dafür was anderes Tolles überlegt“, teilt er der Kleinen mit. „Ich werd in Zukunft viel, viel öfter mit dir spielen“, sagt er und

streicht dem Mädchen sanft übers Haar. „Und wenn der Gruber das nicht mitmacht, dann sollst du mal sehen, was dein Opa mit ihm anstellt."
„Flieger, Opa, Flieger", ruft die Kleine begeistert und wirft sich in seine Arme. Kalle wirbelt seine Enkelin im Kreis herum, bis ihm schwindlig wird.

BUNDES
GRENZSCHUTZ
ALBATROS
KÜSTENWAC
YAMAHA

Anhang

Die Geschichte der Küstenwache

Im Rahmen des föderalistischen Aufbaus der Bundesrepublik wurden auch die Kräfte auf See dezentralisiert. Die Sicherheitsbehörden des Bundes wie Zoll und BGS schufen sich einen maritimen Teilbereich, der ihre Aufgaben auf See zu bewältigen hatte.
Auch die Länder ließen Ableger der Schutzpolizei in Form der Wasserschutzpolizei entstehen. Die Marine als Waffengattung der Bundeswehr erhielt die Zuständigkeit für die äußere maritime Sicherheit.
Mit dem sprunghaften Anwachsen des Seeverkehrs vor den deutschen Küsten änderte sich die Gefährdungslage auf See. Verschärfte Bestimmungen über Meldepflichten und den Transport gefährlicher Güter, die Einrichtung von Verkehrstrennungsgebieten und konkrete Umweltbestimmungen waren die unausweichliche Folge.

Durch den Fortschritt der Technologie gewann auch die Erschließung von Bodenschätzen im Meer an Bedeutung.
1982 erfolgte eine Übertragung schiffahrtspolizeilicher Aufgaben, die bisher im Küstenmeer durch die Wasserschutzpolizeien der Länder wahrgenommen wurden, auf den BGS und den Zoll. Auch die Wasser- und Schiffahrtverwaltung setzte ihre Tonnenleger für Überwachungszwecke ein. Der Fischereischutz durfte neben diesen Behörden nach unerlaubten Forschungshandlungen im Festlandsockel Ausschau halten. Um die Kontrolle der schiffahrtspolizeilichen und umweltrechtlichen Bestimmungen besser koordinieren zu können, richtete der Bund in Cuxhaven den „Zentralen Meldekopf“ ein. Er war Sammelstelle für Informationen über Meeresverunreinigungen und erfaßte die Positionen der Behördenfahrzeuge des Bundes.
Nach dem Wegfall der innerdeutschen Grenze und der Öffnung des eisernen Vorhangs stellte sich wiederum eine völlig veränderte Sicherheitslage dar. Schleuser- und Drogenkriminalität, der illegale Transport radioaktiven Materials und der Zuwachs von 380 km Seegrenze veranlaßten Zoll und BGS, in gemeinsamen Aktionen auf See noch enger zusammenzuarbeiten.
Auch in anderen Bereichen machte sich die Dynamisierung bemerkbar. Hinweise des Bundesrechnungshofes und eine Große Anfrage aus dem

Bundestag führten mit zu der Entscheidung des Kabinetts, unter Federführung des Verkehrsministeriums, eine Arbeitsgruppe einzusetzen, die Vorschläge für eine engere Kooperation der Bundesvollzugskräfte erarbeiten sollte.
Im Januar 1993 traten die Mitglieder dieser AG zum ersten Mal zusammen. Innerhalb eines Jahres gelang – zunächst auf dem Papier – das schier Unmögliche: die enge Kooperation völlig verschieden organisierter Behörden. Die Einsatzräume wurden in die Bereiche Nord- und Ostsee aufgeteilt. Gemeinsame Küstenwachzentren wurden beim Wasser- und Schiffahrtsamt in Cuxhaven und beim BGS See in Neustadt eingerichtet.
Als gemeinsame Organisation wurde ein Geschäftsführender Ausschuß gebildet, der in halbjährlichem Rhythmus zusammentritt und sich aus hochrangigen Vertretern der beteiligten Behörden zusammensetzt. Die in den beiden Küstenwachzentren vertretenen Behörden wechseln sich alle sechs Monate im Vorsitz ab.
In Cuxhaven wurden die Räume für das Küstenwachzentrum Nordsee neu geschaffen. Hier führt rund um die Uhr ein BGS-Beamter die in der Nordsee eingesetzten BGS-Fahrzeuge und Hubschrauber im Routinedienst. Als begleitende Maßnahme wurden dem BGS Überwachungsaufgaben des Fischereischutzes übertragen. Durch eine neue Zuständigkeitsverordnung erhielt der BGS auch die Befugnis zur Wahrnehmung eines Bereiches der Zollaufgaben in der Ostsee. Außerdem wurden Eingriffsermächtigungen des BGS hinsichtlich der Umwelt- und Drogenkriminalität weiter konkretisiert. Der BGS stellt innerhalb der Küstenwache das weitaus größte Potential. Mit etwa 400 seefahrenden Beamten und sieben seeflugtauglichen Hubschraubern ist er zudem die einzige Polizeiorganisation im neuen maritimen Einsatz-Verbund.
Mit dem Zoll hat sich bereits im Vorfeld eine sehr konstruktive und enge Kooperation herauskristallisiert. Bei der Einweihung der Küstenwache am 30.06.1994 in Rostock durch den damaligen Verkehrsminister Dr. Matthias Wissmann konnte sich die Öffentlichkeit bereits von dieser Gemeinsamkeit überzeugen.
Durch verbesserte Koordination wird nun eine größtmögliche Überwachungsdichte der Seegebiete erreicht. Andere Institutionen und die an der Seefahrt Beteiligten haben seitdem nur noch einen Ansprechpartner. Doppelkontrollen werden vermieden und die Bearbeitung der Ermittlungsergebnisse vereinfacht: Voraussetzungen, um die maritime Sicherheit zu erhöhen.

Wolfgang Dreyer

Die Crew der Albatros

Rüdiger Joswig ist Kapitän Holger Ehlers

Rüdiger Joswig, Jahrgang 1949, spielte nach seiner Ausbildung an der Theaterhochschule in Leipzig u.a. an den Theatern in Halle, Leipzig und Cottbus. 1987 siedelte er in die BRD über. Er spielte u.a. in folgenden Filmen bzw. Serien mit: „Bismarck", „Wolffs Revier", „Doppelter Einsatz", „Ein Bayer auf Rügen" u.v.a.

Christina Greb ist Britta Larsen

Geboren 1970, absolvierte sie ihre Schauspielausbildung am Theater „Der Keller“ in Köln. Sie war u.a. in den folgenden TV-Produktionen zu sehen: „Stadtklinik“, „SK Babies“, „Die Feuerengel“, „Mobbing Girls“, „Cobra 11 – die Autobahnpolizei“.

Anke Kortemeier ist Anke Diekmann

Geboren wurde Anke Kortemeier 1975 in München. Neben ihrer schauspielerischen Tätigkeit moderierte sie z.B. Kindershows, wie „Tabaluga tivi“, vom ZDF. Anke Kortemeier wirkte u.a. in folgenden TV-Produktionen mit: „Geheim – oder was?“, „Der Bulle“, „Ein Bayer auf Rügen“, „Frauenarzt Dr. Markus Merthin“.

Elmar Gehlen ist Wolfgang Unterbauer

Nach seiner Schauspielausbildung erhielt Elmar Gehlen zahlreiche Bühnenengagements an deutschen Theatern, wie z.B. in Berlin, Hamburg oder Düsseldorf. Ab 1973 inszenierte er selbst etwa 60 Schauspiele und Opern in verschiedenen deutschen Städten. Auch war er als Regisseur und Bühnenbildner tätig. Für diverse ZDF- und RTL-Produktionen führte er Regie. Zu sehen war er u.a. in „Marat“, „Liebe und so weiter“, „Tatort“, Im Namen des Gesetzes“.

Rainer Basedow ist Kalle Schneidewind

Geboren 1938 in Thüringen, studierte er nach seinem Abitur Pädagogik in Braunschweig. Seine schauspielerischen Fähigkeiten erlernte er anschließend an der Schauspielschule in München. Neben verschiedenen Engagements an Theatern spielte er in Kinofilmen und TV-Produktionen mit. Seine Synchronstimme verlieh er für z.B. die „Blues Brothers“ und „König der Löwen“. Zu sehen war er u.a. in „Ansichten eines Clowns“, „Single sucht Single“, „Comedy Club II“, „Der Bulle von Tölz“, „Polizeistation“.

Gregor Weber ist Rolf Hohmann

Gregor Weber wurde 1968 in Saarbrücken geboren. Nach kurzem Germanistikstudium absolvierte er seine Schauspielausbildung in Frankfurt/Main. Für seine Rolle als Stefan in der ARD-Serie „Familie Heinz Becker“ wurde er 1998 mit dem Goldenen Löwen ausgezeichnet. Zu sehen war Weber u.a. in „Familie Heinz Becker“, „Im Namen des Gesetzes“, „Is was Trainer“, „Spuk aus der Gruft“.

BG 12

PRINTED IN BELGIUM BY
proost
INTERNATIONAL BOOK PRODUCTION